创意产业集群衍生机制、路径及知识流动研究

李煜华　著

国家社会科学基金一般项目“基于知识互补的创意产业集群衍生机理和路径研究”（项目编号：13BJY074）
博士后研究人员落户黑龙江科研启动基金一等资助“基于知识流动的创意产业集群衍生机制及模式研究”（项目编号：LBH-Q14088）

科学出版社
北京

内 容 简 介

创意产业是知识经济的标志性产业，也是智能化、高知识化的产业，有很强的渗透力，可以提升其他产业的附加值。产业集群的知识溢出效应影响着创新和创意的产生。创意产业集群的衍生是创意产业结构升级的重要途径。创意产业集群的衍生受到创意产业组织单元间知识互补、共享和运用效果的影响。因此，本书从知识互补性维度出发，以综合集成研讨厅体系分析方法、决策与实证研究为手段，着重研究创意产业集群的衍生机制、衍生路径研究及创意产业集群企业间知识流动等问题。

本书适合作为高等院校管理科学与工程、技术经济及管理、工商管理等相关学科科研人员的学习、参考用书。

图书在版编目（CIP）数据

创意产业集群衍生机制、路径及知识流动研究 / 李煜华著. —北京：科学出版社，2018.1

ISBN 978-7-03-050551-4

Ⅰ. ①创… Ⅱ. ①李… Ⅲ. ①文化产业—产业发展—研究 Ⅳ. ①G114

中国版本图书馆 CIP 数据核字（2016）第 268874 号

责任编辑：李　莉 / 责任校对：王　瑞

责任印制：吴兆东 / 封面设计：无极书装

科学出版社出版

北京东黄城根北街 16 号

邮政编码：100717

http://www.sciencep.com

北京京华虎彩印刷有限公司 印刷

科学出版社发行　各地新华书店经销

*

2018 年 1 月第　一　版　开本：720×1000　B5

2018 年 1 月第一次印刷　印张：11 1/4

字数：232 000

定价：76.00 元

（如有印装质量问题，我社负责调换）

前　　言

创意产业是近年来迅速崛起的一个新兴产业，也是经济、科技、文化等高度融合的战略性产业。创意产业是以创意人才和创意企业管理者为劳动要素，以创意园区为土地要素，通过形象思维和艺术手段，创造出新的设计方案与策划方案，并将其成果推向市场获得回报的新兴产业。它以创新为核心，以知识产权为重要依托，实现文化与经济的有机结合，是产业结构调整升级的一个重要的战略产业，涉及文化艺术、经济和城市建设等领域，通常包括工业设计、服装设计、建筑设计、影视传媒、出版、广告、计算机软件、动漫游戏、美术设计、艺术表演、音乐、会展、旅游和咨询策划等若干个行业，是在新的全球经济、技术与文化背景下，适应新的发展格局，把握新的核心要素，构建新的产业结构的一条新的通道。联合国教科文组织提出，创意产业是人类文化的重要部分，是构成一个国家经济的重要资源。随着知识经济和体验经济的到来，一个国家或地区通过创意或知识而非仅靠劳动力或资本来创造财富，创意产业是国家或地区经济振兴和迅猛发展的重要方向。

创意产业是知识经济的标志性产业，其以创新思想、技巧和先进技术等知识要素为核心，通过一系列创意活动，引起生产和消费环节的价值增值，为社会创造财富和提供广泛就业机会。因此，人们将其誉为知识经济的驱动力、其他产业或服务业的推动力。创意产业作为在人类需求升级、科技进步、城市经济转型及全球化背景下发展起来的朝阳产业，其产生的巨大经济效益已对区域经济和社会发展起到了十分重要的促进作用。因此，我国许多地区在"十三五"发展规划中将创意产业作为支柱性产业，这也为创意产业的发展提供了新的机遇。

与英国、美国等发达国家相比，中国创意产业虽然起步较晚，但是发展势头很强，集群化现象凸显。目前，六大创意产业区域的空间布局已初步形成：以文艺演出、广播、影视、古玩交易及创作艺术品等为优势行业的北京创意产业区；以上海为龙头城市，工业设计、室内装饰设计、广告策划等为优势行业，带动杭州、苏州、南京发展的长三角创意产业区；以广州、深圳为代表，广告、影视、印刷、动漫等行业走在国内前列的珠三角创意产业区；以昆明、丽江和三亚为代表，影视、服装等行业为特色的滇海创意产业区；以重庆、成都、西安为代表，主要从事网络动漫、游戏等产业的川陕创意产业区；以长沙为代表，电视广播为优势产业的中部创意产业区。

基于创意对实体经济的促进作用和产业聚集区的叠加效应，美国、英国、日本等发达国家通过建设创意产业集聚区来推动创意产业的发展。这些国家的发展实践表明，建设创意产业集聚区，引导产业集群化发展，有利于创意企业间的资源共享，能够形成产业规模效应、技术溢出效应等，从而推动产业整体竞争力的提升。创意产业集群是由创意产品生产价值链所联系起来的彼此依赖的公司（包括专业化的供应者）、知识提供机构（大学、研究所和工程公司）、中介组织（经纪人、咨询机构）和消费者组成的创意产业生产网络。与传统产业集群相比，创意产业集群具有规模小型化、物理空间独特、工作与生活融合、跨行业集聚和知识互补明显等特点。实证调查资料显示，集群化模式日益成为世界各国创意产业的主要经济组织形态。创意产业在促进城市经济增长和城市功能转型、促进对外贸易和有效扩大就业、增强城市综合竞争力、促进产业结构升级和转变经济增长方式、实现城市经济可持续发展等方面发挥了巨大的作用。

创意产业与传统产业相比较产业驱动更多的不是土地、金融等硬性资本，而是知识、文化、人力资本等软性资本；产业链多体现为环状价值链，产业资源可以反复使用，产业边际效益递增、边际成本递减。因此，各发达国家的创意产业以其独特的取向和方式迅速发展，国际上许多地区已成为创意产业集聚的中心，展现出一幅创意产业全球蓬勃发展的景象。我国的一些城市，如北京、上海、成都、杭州、广州、深圳等已建立了一批具有开创意义的创意产业基地与创意产业园区并呈现集聚现象。但是由于创意产业在国内的发展尚处于生长期，创意产业向传统产业渗透不足，自身的产业链还没有能够有效地整合和延伸，专业化分工的创意产业集群尚未形成，因此，创意产业的集群衍生成为学者研究的热点问题。

创意产业发展的一个主要趋势是集群化，即在大都市形成集聚区。这是因为集聚区能降低创意产业的进入壁垒、增强创意产业之间的抗替代能力、提高创意产业内供应方和购买方的砍价力、缩小创意产业竞争者之间的实力差距。另外，因创意产业集聚区内的知识流动而产生的互补效应能推动集聚区内企业的知识交换和学习氛围的增强。对于智能化、高知识化的创意产业而言，集聚区内的知识就像人体里的血液，带动了整个集聚区的发展，是集聚化过程中不可或缺的重要因素。创意产业区别于传统产业的一个很大的特点就在于知识与创意是其核心内容，如果没有知识互补，也就没有创意产业的发展，创意产业的灵感就很难转化为实际的创意产品，而仅仅停留在兴趣、爱好或想法上。知识流动产生的互补效应是创意产业集聚区的重要特征。

创意产业集群的形成，为创意产业组织单元提供了良好的发展环境，有利于创意产业组织单元间信息、知识、技术等资源的共享。知识互补对创意产业集群的形成具有关键性作用。它是在集群化模式、人员流动、创意迸发和企业发展需要等因素的共同影响下发展而来的。尤其对创意产业组织单元来说，它是维持长期经济增长和长期竞争力的主要因素。有效的知识互补能够使创意产业组织单元更易形成高效的分工协作体系，降低交易成本，形成竞争与合作，促进创意产业集群的发展。

首先，本书从知识互补角度对创意产业集群衍生机制进行研究，在对创意产业组织单元、创意产业组织单元知识互补的相关概念进行界定的基础上，分析了知识互补对创意产业集群形成的必要性。本书根据创意产业组织单元具有缄默知识（tacit knowledge）溢出、知识势差变化、知识互补经济性等特征，提出了知识互补的相关条件（合作关系网络、专业化分工、合作关系制度）。在此基础上，本书对创意产业组织单元的知识互补方式和阶段进行了分析，利用超循环理论分析了创意产业组织单元的集群式缔结过程，运用主成分投影法建立了创意产业集群式缔结伙伴评价模型，对集群合作伙伴的合作能力进行评价和选择，同时构建集群式缔结的动态进化博弈模型，并以此模型为基础，总结出创意产业组织单元集群式缔结的演化规律，建立适合创意产业集群发展的衍生机制。本书基于创意产业集群衍生机制的分析，研究知识互补的创意产业集群衍生的形成过程，总结出创意产业集群衍生机制建立的基础和条件，构建了知识互补的创意产业集群衍生机制的架构。在理论分析的基础上，本书对哈尔滨市动漫产业集群进行案例分析，从知识互补的角度对哈尔滨市动漫产业集群的建立进行研究，建立了知识互补的动漫产业集群衍生机制，最后提出促进创意产业集群衍生的策略。

其次，本书对创意产业集群衍生路径进行研究，运用耗散结构理论和协同学理论对集群衍生条件进行了分析，利用斜坡球体定律分析了创意产业集群衍生的影响因素和创意产业集群衍生动力。本书结合实例分析了自发集聚型、政府主导型和产业规划型这三种创意产业集群衍生方式各自的特点，并从主体、目标和手段等方面将这三种衍生方式进行了比较。本书利用产业生命周期理论将创意产业集群衍生过程分为初始期、合作期和成熟期，根据创意产业集群的可持续发展特性剔除了衰落期，构建了初始期的羊群行为模型和合作期的演化博弈模型，并在此基础上提出了生态化的成熟期。本书通过对黑龙江省旅游创意产业集群实际案例的分析，研究了其发展现状、优势及瓶颈，对其衍生路径进行了选择，并提出了相应的发展对策和建议。

再次，本书对创意产业集群企业间知识流动进行研究，在对创意产业集群企业间知识流动的相关概念进行界定的基础上，对创意产业集群内企业间知识流动的特征和途径进行分析；对集群内知识流动的影响因素提出假设，应用结构方程方法建立受多个影响因素影响的结构方程模型，结合问卷调查数据分析验证假设，并对模型样本进行信度和效度分析；通过模型计算路径系数，探索知识供给主体、知识接收主体、知识属性、环境因素和主体间亲密度五个影响因素之间的相互作用，及其共同对创意产业集群企业间知识流动具有的显著性影响，并对长沙市动漫产业集群进行案例分析，从集群内部的角度分析抑制动漫产业集群内企业间知识流动的影响因素，最后提出促进策略。

最后，本书以黑龙江省为研究对象研究黑龙江省创意产业集群化衍生，在分析黑龙江省创意产业及集群的发展现状，总结影响黑龙江省创意产业集群化衍生的影响因素、促进黑龙江省创意产业集群化衍生的条件及动因的基础上，将黑龙江省创意产业集群化衍生分为三个阶段，即初始期、成长期、成熟期；运用羊群行为理论，分析创意产业集群初期的缔结方式，寻求资源优势互补可以视为集群成长期的主要标志，而这种优势互补主要通过合作进行。本书运用主成分投影法对集群成长期合作伙伴选择进行分析，在成熟期构建创意产业集群伙伴间协同竞争创新行为的动态博弈模型，并提出促进创新的策略。本书通过五种创意产业模式的对比，根据黑龙江省创意产业的区位特点和产业特点，选择了黑龙江省创意产业集群化衍生的模式，并提出了黑龙江省创意产业集群化衍生的管理对策和建议。

创意产业集群衍生是一个复杂的过程，影响因素众多，关系比较复杂，本书仅对创意产业集群的衍生机制、衍生路径和创意产业集群企业间知识流动等方面进行了一次有重点的探索性研究，因此，无论是在研究的范围、内容，还是在研究的深度上，仍有许多不足有待解决，望广大读者批评指正。

李煜华

2017 年 6 月

目　　录

第二篇　创意产业集群衍生路径研究

第三篇　创意产业集群企业间知识流动研究

第四篇　黑龙江省创意产业集群化衍生研究

绪　论

从 20 世纪 80 年代末，创意产业开始席卷全球，逐渐对全球社会经济产生了重要的影响。作为一种新型的产业组织形态，创意产业已经成为知识经济时代的战略标志性新兴产业的代表，是智慧、知识密集型的产业。创意产业集群作为创意产业发展的重要载体，成为推动区域经济发展的核心力量。创意产业集群一般在比较发达的城市形成集聚区。从我国目前的创意产业发展情况上看，以北京和上海创意产业区为代表的全国六大创意产业区域的空间布局已初步形成。

创意产业集群的形成一方面能够降低创意产业组织单元的进入壁垒，另一方面能通过创意主体间知识的溢出而产生的互补效应，推动集聚区内创意组织单元进行创意知识的交流和互换，增强双方的凝聚力，提高创新能力。与传统产业不同的是，知识和创意是创意产业的灵魂。创意组织单元只有进行有效的知识互补，才能够产生创新型的创意产品。

知识溢出产生的互补效应是创意产业集聚区的重要特征。创意产业集群的发展是集群衍生能力的重要体现，这种集群的衍生过程也是创意产业集群发展必须经历的阶段，是创意产业发展的必然趋势。

首先，创意产业已经成为各国经济发展中的一种重要的产业形态，在快速发展的过程中已经表现出了极其明显的集群化态势。这种产业的集聚态势不但实现了整个行业的地理集聚，而且为集群内部的创意组织单元获取创意知识和技术支持，提升自身创新实力奠定了基础。在创意经济的今天，创意产业集群和创意产业组织单元只有通过知识的不断获取和创新，才能够提升自身的竞争力和保持原有的竞争优势。因此，本书以知识互补为理论基础，以文献研究、超循环理论、主成分投影法和博弈理论等方法，分析探索创意产业知识互补的特点和方式，挖掘出创意产业组织单元缔结过程，分析和总结创意产业组织单元的缔结规律，建立知识互补的创意产业集群的衍生机制，提出有利于创意产业集群的衍生策略，对创意产业集群的快速形成和发展具有重要意义。

其次，在创意产业集群衍生路径方面，创意产业是智能化、高知识化的产业，有很强的渗透力，可以提升其他产业的价值。产业集群的知识溢出效应影响着创新和创意的产生和行为。本书应用自组织理论、羊群行为理论、演化博弈理论研究创意产业集群的衍生路径，对提高创意产业内各组织的知识获取、共享、传播与运用具有重要的作用。本书从中国创意产业的现实情况和发展特点出发，以创意产业内知识的可转移性和互补性的关联关系、创意企业间的竞合关系和由这些关系所衍生的"集群行为"为研究对象，从一个新的视角来研究如何提高创意产业集群效应的问题。本书的研究可以为中国创意产业结构升级提供技术支持，以达到引导创意产业和其他产业融合发展的目的。

再次，高知识性是创意产业的核心特征，知识就像人体内的血液一样，带动着整个创意产业集群的持续发展。建立机制促进知识流动成为创意企业加快创新速度，形成企业自身文化特色，提高企业核心竞争力的重要途径，是创意产业集群形成和发展的重要影响因素。目前，在创意产业集群知识流动模式中，创意企业间的知识流动同创意企业与科研院所、中介机构等组织之间进行的知识流动相比具有更强的选择性与互动性，企业间单向和双向的知识流动在创意产业集群内占有很大的比重。本书以创意产业集群为考察对象，重点研究集群内创意企业间的知识流动过程，并运用结构方程模型，在分析知识流动影响因素的基础上，提出促进策略，为创意产业集群更好地发展提供理论支持和经验借鉴。

良好的知识流动通道是创意产业集群持续发展的主要动力因素之一，其能够带来的巨大经济效益造就了创意产业的繁荣。知识的顺畅流动可以使原始构想迅速地转化为创意产品，若再次经过知识流动便可以产生大量的附加值增加的系列产品，既推动了创意产业的发展也推动了区域经济的繁荣。然而，我国目前已经形成的创意产业集群只有少部分能够真正实现规模效益，集群内的创新合作平台不稳固，网络体系缺乏行之有效的安全保护措施，创意企业与科研机构之间没有形成从科研到产出的合作体系，总体来说就是没有形成一个有效的知识流动体系。可见知识流动是创意产业得以良性发展的重要影响因素，因此本书从知识流动的视角研究创意产业集群。

最后，本书提出黑龙江省创意产业正在蓬勃发展，但创意产业的发展缺乏根植性，与国内发达地区还存在一定的差距。因此，黑龙江省应充分利用其资源优势，将资源优势转化为产业优势，进一步推动黑龙江省的经济增长。本书从黑龙江省创意产业的现实情况和发展特点出发，以创意产业内企业间的竞合关系和由这些关系所产生的"集群行为"为研究对象，从一个新的视角来研究创意产业集群化衍生的问题。在对创意产业集群衍生演化进程进行系统探索和分析的基础上，结合黑龙江省的实际情况，针对黑龙江省创意产业特色的创意产业集群发展模式，提出促进创意产业发展的对策与建议，对黑龙江省创意产业的发展具有十分重要的指导意义。

本书重点从知识互补角度对创意产业集群衍生机制、衍生路径和创意产业集群企业间知识流动进行研究，因此，也分别从这三个方面对国内外研究现状进行综述。

一、国内外研究现状

（一）创意产业集群衍生机制研究方面

1. 创意产业集群的内涵与分类

Caves（2000）通过制度经济学的视角对创意行为的经济特点进行分析，提出生产无形资产的行业具有集聚的先天性因素。Pratt（2004）认为创意产业集群的非经济因素和专业化程度对产业集群具有一定意义上的影响，是产业集群的重要部分。Currid（2006）通过对美国纽约艺术行业和文化行业的聚集程度的研究，发现创意产业集群大部分集中在具有原创性和创新性强的地区。Scott（2006）提出创意产业集聚的形成是以社会文化累积、创意人才的流动、组织制度的变化为基础的。Luciana 等（2008）指出不同国家的创意产业类型是不同的，意大利的创意产业类型是传统文化产业，包括音乐、建筑艺术、表演艺术等；西班牙的创意产业类型是含有技术成分的创意产业，包括媒体、通信、广告等。Zhang 和 Wan（2009）通过复杂性理论分析，得出创意产业集群是一个自适应系统。Flew（2010）提出了一种“文化经济地理”理论。Ping 等（2010）通过使用非创意行业的产业集群机制对创意产业的定义、规模、特征等做了分析。Liu（2013）指出创意产业集群促进着集群内部的知识转移、知识共享和知识创新。

巫勇（2007）认为创意产业集群是产业资本、文化资本和消费市场的结合体，创意产业集群内部具有完善的社会服务网络、管理系统和公共基础设施，能进行全世界市场、网络、科技信息的有效连接。曹如中等（2011）认为创意产业集群为产业相关的创意产业组织单元提供创意资源的共享平台，组织单元间能够及时有效地进行市场、技术和创新能力的共同开发。冯筱等（2011）提出创意产业集聚区的建设要符合创意人才的“口味”需求。例如，在伦敦南岸，创意师在音乐厅外设计和建设了一堵会演奏出 20 多种乐器的“会唱歌的墙”。当游人用肢体接触墙壁时，便会享受到音乐厅里不同的音乐，以陶冶情操。厉无畏（2012）认为创意产业远远超出了文化传统产业的范畴，各行各业通过创意产业所带来的创意设计来开辟新的“蓝海战略”、“营销战略”和“品牌战略”。尹宏（2013）认为创意产业集群的主体包括创意人群、创意企业、集聚区运营企业、行业组织、地方政府、高等院校和研究机构等。张小凤（2013）认为创意产业集群是一个多主体参与、多阶段生产、相关要素繁多的复杂的适应性系统。侯金燕等（2013）从学习型区域的视角对创意产业集群的形成过程进行理论探讨，分析出创意产业集群化的偏好特点。陆淑敏等（2013）对科技、文化、创意产业融合中存在的问题进行了研究，提出了文化产业集群中的多领域、多单位主体及人才之间应建立起有效的信息互动共享与交流机制。王玉梅和李雯（2013）从自然、人文、服务、资本、技术、智力等维度，分析文化创意产业集群发展的影响因素，为文化创意产业集群定量评价提供参考。王娇俐等（2013）认为创意产业集群升级的四个内在动力要素包括核心企业、大学和科研院所、生产型服务机构及政府机构。姚永玲和郑铁（2013）将创意产业聚集区的利益相关者划分为政府、聚集区机构和企业。李煜华等（2014）指出在创意产业集群的创新网络中，生产创新产品的上下链条的企业间相互联系，科研机构为其提供创意知识，中介机构提供服务支持，消费者购买所需创新产品。张庆普和李沃源（2014）对创意产业集群的定义为：创意产业及其相关的企业、机构通过创意产业链关系在地理临近的基础上形成的网络结构，具有显著的创新优势和竞争优势。

2. 创意产业集群形成影响因素

Melissa 和 Corey（2007）认为集群知识的创新和创造是由创新网络结构决定的，集群资源的使用能力和有效信息的传递能力对集群内部的创新能力影响程度有显著差异。Frank 等（2008）认为欧洲创意产业集群的形成与本地区经济的快速发展有着重要联系。Davis 等（2009）提出创意产业集群形成过程中所面临的影响因素有外部市场政策环境、创新过程、行业之间的业务衔接等。Kong（2009）提出了影响创意产业集聚的社会因素有社会网络、信任关系和隐性知识。Gwee（2009）指出国家制定的宏观政策和创新体系完善程度将直接影响其自身的创意产业集群的形成与发展。Pratt（2010）指出创意城市的政策对提升文化创意产业集群的内在价值有重大影响。Jensen（2011）提出集群区域基础设施建设、信息畅通建设、创新环境建立、技术手段不断更新等条件是影响集群形成的关键性因素。Chung 等（2011）认为创意产业集群是基于文化创意发展起来的，对区域经济再生和创新能力提升具有重大贡献。

符韶英和徐碧祥（2006）认为信息传递和知识扩散导致了创意产业集群的形成，然而创意产业集群的形成也促进了创意企业之间隐性知识的共同分享和相互传播。王江和刘荣（2008）提出创意集群内部的知识交换和流动所产生的叠加效应能够对集群内部企业的知识交换产生巨大的推动作用，同时增强集群内部企业间的学习氛围。戴伟辉等（2009）从组织生态学角度论述了创意产业生态群落模式和专业性公共服务平台的构建对创意产业集群演进具有积极意义。祝宪民和蔡进兵（2009）认为创意产业集群模块化结构促进了知识横向转移和纵向企业间的知识交流，同时也有利于知识构造。陈清华（2010）提出企业间的创意知识流动有益于创意产业集群的形成和发展。郝思洁和王茜（2012）从创意工作者的角度出发，提出创意产业集群形成的研究框架。崔彩周（2012）提出要想使我国的创意产业实现一个跨越，首先应培养一批人才集聚度高、市场开拓能力强、创新能力强、在国内外知名度较高的龙头创意企业和战略投资者。李煜华等（2013）指出创意产业集群企业间双向知识流动有益于企业之间信息的沟通、价值知识的交换。鲍枫和沈颂东（2013）通过构建创意产业指标的评价体系，利用因子分析法对我国的 31 个省市区的创意产业竞争力进行了评价，分析得出各地区差异较明显、发展水平不均匀，而产业集聚已经是提升现代产业组织竞争力水平的最主要方式。贺媛媛和刘军（2013）提出文化创意产业的集聚可以有效地发挥企业间知识资源的互补，增强自身的创意竞争力，降低企业成本，同时也带动了周边产业的发展，构成了一个巨大的产业价值链。申俊毅和张永庆（2013）指出创意产业集群中企业创造创意价值的过程实质上就是企业本身价值增值的过程。曹如中等（2013）指出创意产业集群通过知识共享、信息交流、集成创新等手段促进城市的经济发展，提供其持续的发展动力。徐谷波（2013）认为创意产业集群化发展需要核心要素、支撑要素和保障要素。其中核心要素包括创意产生、科技发展、商业模式，支撑要素包括政府、创意企业、创意阶层、传媒网络、研究机构等，保障要素主要包括创意产业的空间集聚、产业关联、资源共享等。林孔团（2014）对文化创意产业模块化集群的运行机制进行分析，提出福建省文化创意产业模块化集群发展实现路径。王猛和王有鑫（2015）提出不同城市的文化创意产业集群的影响因素存在较大的差异：中东部创意产业集聚的主要影响因素是产业多样化；西部城市创意产业集聚的主要影响因素是产业政策、人力资本和产业结构。

3. 创意产业集群集聚机制

Pratt（2004）认为创意产业集聚区是由具有一定显著特征的小型创意企业集聚在一起渐渐演化而来的。Pumhiran（2005）从产业集群的外部经济功能、竞争优势功能和优势产业功能方面，强调了创意产业集群对创意产业发展的重要性。Hutton（2006a）提出城市的新兴产业载体将促进经济欠发达地区的发展。Hutton（2006b）从地理学的研究视角出发，认为城市内部和外围的文化历史底蕴较厚，能够为创意产业集群的集聚创造有利条件。Hpspers（2006）表示澳大利亚政府结合技术、人才、包容性三方面的设计因素在 2004 年 5 月正式建立的昆士兰创意产业集聚区内融汇了视觉表演艺术、音乐创作、印刷媒体、动画、游戏等创意产业，成为国际创意产业园区的典型代表。Bayliss（2007）指出知识和文化是城市创意产业集群集聚的内在动力。Chapain（2010）探讨了英格兰地方及区域对创意产业集聚的作用。Hawkins（2001）指出创意产业集群的建立与所在的城市有着共生的关系，城市是创意产业最理想的集聚区，特别适宜创意产业的发展。

李宝值等（2009）根据浙江地区的产业发展情况提出浙江本地的创意产业应以产业集聚为核心，形成创意载体，以整合社会资源为重点，完善创意产业平台建设，以高新技术为驱动力，形成相对的集群化优势，以创新为突破口，打造创意产业价值链。余晓泓（2010a）认为创意产业集群具有复杂适应性系统和模块化网络组织的特征，其网络组织模式具有多层次结构、组织边界模糊及文化开放特征。创意产业集群网络是由大量的相互关联的创意企业组成的，企业根据各自特征和职能定位横向或者纵向分成了许多模块化系统。张炜和姚海棠（2011）从创意产业集聚效应中研究发现，我国的创意产业集聚区已经初具规模。目前北京市充分利用地域资源优势，不断发展壮大创意产业规模，构建良好的基础设施和服务平台，已经形成了 10 个具有一定发展基础的创意产业集聚区（数字娱乐、新媒体、影视基地等）。黄江和胡晓明（2011）以杭州市为例，分析了杭州地区的丰富文化资源氛围和人才资源，及其和谐的创意环境，认为创意产业集聚区已经形成一定的规模。陈颖（2011）以杭州市创意产业集聚区内的 160 家创意企业为例，分析了集群环境如何提升企业的竞争优势。董秋霞和高长春（2012）通过构建创意产业集群创新网络模型，利用熵值法、线性加权法和 TOPSIS 法对创意网络中的各要素水平和创新能力进行综合评价。王发明和宋雅静（2012）运用系统动力学和复杂网络知识对创意产业集群网络中的缄默知识共享和转移进行了研究。王立新等（2012）认为政府、中介机构、研发机构、高校、创意阶层及其网络媒体等多部门的协同是创意产业集群形成和发展的演化过程。从开始的分散行动和简单配合到相互协作和专业分工的过程是一个从低级走向高级的过程，既有复杂性又有长期性。付永萍和曹如中（2013a）根据国内外的发展情况，指出创意产业已经形成了以城市为中心的集聚化发展优势，同时结合我国目前存在的创意产业状况，提出要想使我国的创意产业集聚化发展必须有意识地选择思想意识新潮、基础设施较好、科技较为发达的先进城市作为产业集聚化发展基地。龚雪和高长春（2007）提出创意产业集聚区可以分成自发型创意产业集聚区和政府主导型创意产业集聚区。苏妮妮（2013）对文化创意产业集聚相关的理论进行梳理，以新经济地理学、空间经济学和产业组织理论为研究基础，从影响集群形成的驱动力因素、集聚产生的效应和集群发展稳定性三方面，剖析文化创意产业集群的形成及演化发展机制。田杰和胡新迪（2014）对北京地区传统文化创意产业集聚区发展情况做了具体分析，找出北京地区发展传统文化创意产业集聚区的优势及劣势，并针对相关问题提出相应的解决对策。李丹丹和张倩肖（2015）利用 EG 指数法对我国 2012~2013 年的旅游产业集聚进行了定量分析，揭示出我国旅游产业集聚程度变化目前大体上呈现先下降后上升的趋势。

目前，国内针对创意产业集群的研究主要集中在创意产业集群内涵和分类、创意产业集群的形成影响因素、创意产业集聚机制等方面，这为本书基于知识互补的创意产业集群衍生机制研究奠定了基础。

（二）创意产业集群衍生路径研究方面

Scott（2006）界定了新型经济背景下创意城市的概念，并分析了以竞争和合作关系联系起来的全球创意城市网络出现的可能。Bayliss（2007）探讨了文化和创意的相互作用，指出文化已成为创意产业集聚的驱动力，并在招商引资、创意阶层方面促进城市发展。Ko 等（2009）提出了一个服务创新设计模型，阐释在创新设计过程中服务设计与文化创意集聚的互相作用。Zhang 和 Wan（2009）运用复杂性理论对创意产业集群进行分析，指出创意产业集群是一个复杂的自适应系统，是一个模块化组织模型，并解释了创意产业集群在实际职能内的可分离性和基于复杂性理论的动态机制。Ping 等（2010）指出政府在创意产业集群中所扮演的角色。Andy 和 Pratt（2010）分析了创意城市背景、历史和调整形式，以及创意城市的政策对文化创意产业集群的内在价值。Frank 等（2008）采用定性和定量相结合的研究方法分析了欧洲创意产业、创意产业集群与当地经济之间的密切关系。Gwee（2009）提出了新加坡创意产业集群形成和发展的瓶颈是国家创新政策和创新系统的局限性。Davis 等（2009）提出形成创意产业集群的挑战有准确理解创新过程的本质和重要性、外部效应、与外部有效的业务连接、相关政策的影响等。

王江和刘莹（2008）认为创意只有通过市场化实现了它的价值才能被称为产业，有了产业才能进一步强化形成产业集群；产业链、生产网络和激烈的竞争是创意产业集群形成竞争力的关键；政府在产业集群的发展中应当有所为、有所不为。王发明（2009a）从产业链的价值形式和知识形式两个方面，提出发展创意产业集群必须培育本地企业的互补性资产，以实现其在全球价值链上的升级。蒋三庚（2009）将文化创意产业集群类型分为文化趋同型集群、区位因素型集群、垂直关联型集群和水平关联型集群，提出文化创意产业集群发展特点：集群发展具有区位性、根植性；集群生产具有关联性、科技性；集群创造具有创新性、风险性。孙洁（2009）提出了各国创意产业集群发展的“寄生—发展—勃兴—成熟”的演化历程，指出城市创意产业集群具有艺术空间、经济空间和社会空间这三种不同的增长空间，创意产业集群的增长模式有在艺术名义下的苏荷模式、城市再生模范的鲁尔模式、以知识溢出效应为特点的硅谷模式和政府行为介入突出的张江模式。刘寿吉等（2009）运用了生态学的基本原理对创意产业的生态群落模式和生态链进行研究，分析和揭示了创意产业生态群落的演替模式和演替规律，并结合案例讨论了专业性公共服务平台在创意产业发展中的作用及其机理。苏卉（2010）基于市场不完全性理论、制度经济理论及战略管理理论对文化创意产业中政府介入行为的合理性提供了理论解释，并结合产业集群生命周期理论，就文化创意产业集群不同生命周期阶段政府应该采取的行为进行了具体分析，提出了文化创意产业集群中政府行为的评价方法。王重远（2010）从产业生态理论角度，构建了创意产业集群形成的基本数学模型，按照获利大小及外部环境稳定性的不同，把创意产业集群的组织形式分为资源共享型、网式、轮轴式等。毛磊（2010）运用演化博弈理论的分析方法，构建了集群内企业创新战略竞合选择过程的演化博弈模型，认为创意产业集群竞合过程的演化结果主要受合作收益、合作成本及采取合作创新策略成功的概率三个因素影响。华正伟（2011）认为文化创意产业集群具有规模经济效应、成本节约效应、创新连锁效应、区位品牌效应、竞合效应和互补效应六个方面的空间经济效应。张振鹏和马力（2011）认为文化创意产业集群形成机理主要有竞争机理、资本积累机理和交易成本节约机理。

创意产业在国内的发展尚处于生长期，由于其向传统产业渗透不足，自身的产业链还没有能够有效地整合和延伸，所以还未形成专业化分工的创意产业集群。

（三）创意产业集群企业间知识流动方面

1. 知识流动研究现状

Ralph 和 Nathan（2002）认为全球价值链中企业集群知识流动的特征和决定因素各不相同。Nick 等（2003）比较了知识在各个组织之间的流动效率，认为在职能部门之间的知识流动应该从外部环境进行考核。William（2005）认为管理者应该发展一些有机的组织形式，来更为有效地鼓励知识创造和知识流动。Yoo 等（2007）研究指出，知识流动的特点和形式受到相应的业务流程的影响。Mu 等（2008）一直致力于研究网络公司的知识分享问题。其研究表明，开发企业内部的互动可以帮助公司建立初期的关系和帮助公司保持密切的联系，获取更高质量的知识，加速知识流动。Andrew（2008）强调了社会制度和管理者的态度在项目管理中对促进知识流动的积极作用。Sohaimi 和 Haruki（2010）的研究结果表明，特定的活动在组织中有效地实施将会促进知识的创造、共享和流动。

Marco 和 Adele（2010）认为，政府能促进知识溢出的实现，只有当政府创造条件时，才能使本土企业和外商投资企业间的知识更好地流动，也能鼓励外商投资企业的知识溢出。Alan 等（2011）强调了在学习过程中知识共享的重要性。Juani 和 Philippa（2011）定义了“知识流”的概念，认为一个项目需要自给自足各种各样的核心知识，理解知识的边界可以更好地获得知识的回报。Angeles 等（2011）分析了在创新与合作关系并存的科技公司内知识流动的影响。Tseng 等（2011）研究发现，知识输入与创新绩效是正相关的关系，知识溢出效应也是部分的积极创新绩效，知识吸收能力对创新绩效有正向的促进作用。Snejina 和 Irina（2011）研究了俄罗斯公司在知识转移过程中存在的问题，主要是企业缺乏吸收能力。Marcel（2012）从博弈角度分析了知识流动的过程，认为博弈的出现是公司在保护知识的同时促进知识的分享。Burke（2012）认为，知识的分享需要看知识存在的地方，它受到信仰、感觉、所有权和目标等因素的影响。

易显飞和李兆友（2005）认为知识流动将会带来企业总体知识的增长。张华伟（2009）研究指出，知识流动在提高企业知识存量，完善企业知识结构，提高企业创新能力上有重要影响。曹兴等（2009）认为，知识流动的过程同时也是企业技术核心能力提升的过程。朱小斌和沈丹峰（2009）认为，知识接收方的吸收能力是企业进行知识创造和运用的动态能力。郑展和韩伯棠（2009）提出，区域创新网络的形成和作用的发挥能够加速知识流动。安小风等（2010）研究表明，知识可以作为独立的要素在供应链中流动，是伴随着物流过程而转移的关键性资源。谢守美（2010）将生态系统的能量流动思想引入知识流动的研究中。龚艳萍等（2010）认为知识流动是创新系统中创新主体之间建立合作平台的必然结果。乔湫娟和焦成霞（2010）建立了知识流动评价系统，以此对知识流动进行分类与排序，根据分类与排序的结果来合理分配企业资源。王晓红和张宝生（2010）提出，知识通过一定媒介和路径在知识主体间运动的过程中实现了知识的共享和创造。

王月平（2011）研究得出，知识流动的最终结果是组织核心能力的提高和知识势差的弥补。华连连和张悟移（2011）认为知识流动作为知识管理的关键环节之一，是企业获取知识的主要途径。隋慧（2011）认为中国对知识流动和合作型知识生产所进行的实证研究需要进一步协调完善。闫安等（2011）立足于高校、科研机构的视角，指出知识流动所涉及内容范围有限、流动主体单一等方面的不足。陈永广等（2011）将研发国际化的知识流动分为内部知识流动和外部知识流动。戴勇等（2011）以广东省企业为对象，对企业内部社会资本与知识流动是否具有正向影响及如何通过知识流动影响组织的创新绩效进行了实证分析。于鹏等（2011）指出，创意产业集群是创意和知识得以创造的理想场所，而静态的知识存量显然并非集群竞争优势的来源。孙浩（2012）认为发展欲望和知识利润是开放型与私有型知识流动的最主要的原始推动力。刘江日和李永周（2012）基于知识流动视角，利用知识管理理论的内部化效应和外部性特征，构建了高校科技企业嵌入式网络模型。

2. 产业集群知识流动研究现状

Piero（2004）致力于研究产业集群内部社会性的高专业知识创新和转移对区域经济的贡献。其研究表明，知识的流动是提高经济效益的催化剂。Michael 和 Christian（2004）研究指出，在产业集群中公司之间员工的接触很多是非正式的，非正式的接触是企业之间知识流动的主要途径。Chinho 等（2007）在研究中将组织内部的知识管理分为四类，即知识聚类、知识扩大、知识交流和知识启动。Brett 等（2008）认为，产业集群地理位置的优越性对知识的流动有促进作用，企业的地理集群能够从当地的环境中吸收更多的知识。Christian（2009）指出，大学里的知识溢出对当地工业的发展发挥了重要的作用。知识流动对高科技产业及群众有着巨大的外部效应。Parka 等（2010）识别出产业集群中知识流动的表现形式。知识的传播和流动对技术的研发有着巨大的外部效应。Liua 等（2011）针对动态虚拟企业的知识共享问题，提出了用知识资源空间模型来代表不同种类的知识资源，包括显性知识（codified knowledge）和隐性知识。B.Guo 和 J.J.Guo（2011）研究了中国技术学习模式的结构和知识流动机制在两个产业集群之间的相互作用。江青虎和余红剑（2009）指出，在产业集群内，存在三种形式的知识流动，即个人间的知识流动、企业间的知识流动、个人与企业间的知识流动。徐盟（2009）认为，产业集群以其网络化机制实现了知识的流动与整合。曾德明等（2009）认为，黏滞知识决定着产业集群中技术创新能力的提升和产业集群结构的优化与升级。丁瑨（2009）探讨了知识网络的建立对集群内各企业间知识的联系与流动的深层次的影响。杨中华和卫武（2010）从网络的视角入手，认为网络强弱关系被视为影响集群网络知识流动的重要因素。丁立群和李永周（2010）认为，知识流动对知识增长和产业集群创新能力的形成和提高有指数繁殖的功能。孙元媛和胡汉辉（2010）分析了以主导企业为核心的四种知识流动模式。

杜慧娟（2010）认为，隐性知识快速转化并共享可以促进产业集群知识的吸收及再创造。赵建英（2010）认为，产业集群为获得长期而持续的竞争优势依赖于各组织间知识的流动。宜建军和岳琳（2010）介绍了产业集群的特征，对知识流进行了概述，建立了产业集群内外知识流模型。柴国荣等（2011）从博弈参与者的有限理性出发，分析了产业集群知识创新企业间信任关系的演化过程。孙静（2011）对集群内知识流动从演化博弈的视角进行了分析。胡枭峰（2011）认为，创新成果的商业化和产业化是通过知识在集群内流动、扩散和交融实现的。余福茂和丁祥海（2012）对产业集聚、知识流动和集群企业竞争优势的关系做了实证分析。霍明奎（2012）以知识流作为基点，细致分析产业集群知识流动的影响因素，并构建出产业集群的知识创新模型。

3. 创意产业集群知识流动研究现状

Frank 等（2008）采用定性和定量相结合的研究方法分析了欧洲创意产业、创意产业集群与当地经济之间的密切关系。Davis 等（2009）提出形成创意产业集群的挑战有准确理解创新过程的本质和重要性、外部效应、与外部有效的业务连接、相关政策的影响等。Zhang 和 Wan（2010）解释了创意产业集群在实际职能内的可分离性和基于复杂性理论的动态机制。Ping 等（2011）研究了政府在创意产业集群中所扮演的角色，政府的积极政策可以刺激创意产业集群内的知识流动。Andy 和 Pratt（2010）分析了创意城市背景、历史和调整形式对知识流动的影响，认为创意城市的政策对创意产业集群内知识流动的影响最为明显。

潘瑾等（2007）认为，集群化是创意企业通过大量的隐性知识流动这一重要特征发展起来的，它直接影响了集群的效率。武超（2009）基于创新扩散理论，探讨了创意产业集群的创意扩散现象。王发明（2009b）认为，受自然地理因素和经济地理因素影响的知识流动是创意产业集群化产生的动力源泉。张梅青和盈利（2010）指出了创意产业集群网络结构演进的四种内部动因和两个外部因素。连玮佳和李健（2010）分析了隐性知识的传递对创意产业集聚这一新兴产业的影响。陈清华（2010）指出创意产业集群由三个基本价值模块构成。范长虹（2012）提出，创意产业集群是创意和知识得以创造的理想场所。

二、国内外研究现状评述

（一）创意产业集群衍生机制方面

1. 对创意产业集群衍生机制的研究较少

从国内的研究内容来看，大部分学者仍然停滞于文化、经济、地理资源集聚性对创意产业集群化发展的推动作用的研究，或者是基于某一区域创意产业的空间集聚现象展开研究等，都是从创意产业自身内在属性和外部环境来分析创意产业集聚的原因，而从动态视角来探讨创意产业集群衍生机制的研究较少。

2. 鲜有学者从知识互补的角度对创意产业集群的衍生机制进行研究

从现有的研究现状来看，国内创意产业集群研究已逐步迈向较为系统和深入的阶段，并已经取得了令人瞩目的成就。现阶段我国大部分研究学者的视角主要集中在创意产业集群的概念、理论依据、形成路径、发展模式、产业环境、产业政策及其区域建设上的静态分析研究上，很少有研究涉及创意产业集群的衍生过程并对其进行动态演化分析以揭示其深层衍生机制和衍生现象。

3. 有关创意产业集群形成的定量化研究较少

现有的知识、文化和创意产业本体知识论没有整合到集群的分析框架中，导致经济领域下的创意产业集群发展情况明显领先于理论性研究；创意产业集群化形成机制的定性和定量分析不均衡，缺乏定量与定性分析的有机结合。目前创意产业集群的研究集中在定性研究阶段，主要是运用交易费用理论、资源论、产业链理论等，或建立概念模型从理论方面对创意产业集群进行研究，多数研究仍停留在创意产业集群的定性研究阶段，建立定量模型的研究较少。

（二）创意产业集群衍生路径方面

1. 对创意产业集群的内涵界定不够全面

根据《牛津词典》（1979 年）的英文词义，集群（cluster）是指在一起发育的相似的事物。这个词义并没有强调集群的元素必须相互联系，也就是说，根据英文的词义，有些虽然群居在一个区位而没有什么联系的企业也可以称为集群，这就使集群概念用得相当泛滥，尤其是在发展中国家，常把在一定地理区域内“扎堆”的企业，不论它们之间是否存在合作都称为集群。为了研究问题方便，有的学者也随意定义创意产业集群概念。从上述现状分析可见，有的学者是围绕着地理特性来对创意产业集群定义的，有的学者是围绕创意产业特性（或内部要素联结）来定义的，还有的学者是围绕创意产业链来界定的。由于有的研究对创意产业集群的本质特性认识不足，对创意产业集群的定义显得不够全面，因而对创意产业集群的定义很难统一起来。

2. 对创意产业集群衍生机理的深入分析欠缺

很多学者对创意产业形成机理的研究只停留在文化资源集聚性推动创意产业集群化发展、创意产业集群利于创意萌生的初级层面，对创意产业集群衍生的条件、动力及相互之间的作用提及甚少。

3. 对创意产业集群的定量研究不足

研究大多停留在对创意产业集群的定性研究阶段，通过建立模型来进行定量分析的研究较少。大多学者只是从理论方面运用文字对创意产业集群进行探究，并没有构建模型进行定量分析，多少带有主观成分，各持己见，不利于建立一套科学的理论体系。

4. 创意产业集群衍生路径的研究有待扩展

在现有文献中，大部分文献都只是研究产业集群的发展模式、形成路径，鲜少提及创意产业集群的衍生路径。而衍生是产生新企业的重要方式，也是创意产业集群活力的主要源泉。创意产业集群的形成需要一个衍生过程，这种衍生是创意产业集群成长的必要途径。

（三）创意产业集群企业间知识流动方面

1. 对创意产业集群企业间知识流动影响因素的深入分析欠缺

很多学者对创意产业集群知识流动的研究只停留在知识产权保护的缺乏限制创意产业集群知识流动的发展、创意产业集群知识流动有利于创意萌生的初级层面，对创意产业集群知识流动的条件、动力、影响因素及相互之间的作用提及甚少。

2. 通过建立模型对创意产业集群知识流动进行定量分析的研究较少

大多学者只是从理论方面运用文字对创意产业集群进行探究，多停留在对创意产业集群知识流动的定性研究阶段，并没有构建模型进行定量分析，多少带有主观成分，各持己见，不利于建立一套科学的理论体系。

3. 创意产业集群企业间知识流动促进策略的研究有待扩展

在现有文献中，大部分文献都只是研究产业集群的发展模式、知识溢出、知识产权保护，鲜少提及创意产业集群企业间知识流动的促进策略。而知识是创意产业的核心资源，知识流动是创意产业集群持续创新的重要交流平台。

三、全书的研究内容

基于以上不足，全书分为四个主要部分对创意产业集群衍生进行研究，主要包括基于知识互补的创意产业集群衍生机制研究、创意产业集群衍生路径研究、创意产业集群企业间知识流动研究和黑龙江省创意产业集群化衍生研究。

第一篇为基于知识互补的创意产业集群衍生机制研究。通过对创意产业集群中知识互补的特征、条件、类型及其方式的分析，总结出创意产业集群的知识互补通过附加互补性、序列互补性和复杂互补性三种不同的知识互补类型来创造价值，创意产业组织单元更倾向于知识互补协作竞合，并以此来促进创意产业集群式缔结的形成，构建集群式动态演化博弈模型。知识互补的创意产业组织单元的集群式缔结行为需要经历长期的磨合过程，是一个趋于逐渐演化的过程。在这种集群式缔结行为的博弈中，每个创意产业组织单元根据自身需求选择自己的策略，在追求自身利益最大化的同时，寻求合作上的共赢，最终达到双方利益关系的动态平衡，建立知识互补的创意产业集群衍生机制。集群式缔结是集群衍生的一个重要阶段。本书在分析知识互补的创意产业集群衍生形成过程的基础上，了解了集群衍生机制建立的基础，通过集群衍生机制建立的条件分析，建立知识互补的创意产业集群衍生机制架构，熟悉集群衍生机制的运行过程，提出了促进创意产业集群衍生的策略。本书通过对哈尔滨市动漫产业集群衍生概况的认识，建立了知识互补的动漫产业集群衍生机制，最后提出促进创意产业集群衍生的具体策略，为动漫产业集群发展奠定基础。

第二篇为创意产业集群衍生路径研究。从衍生条件、影响因素和衍生动力三方面揭示了创意产业集群的衍生机理。本书运用自组织理论得出外部条件的微涨落决定了创意产业集群的衍生能力和发展方向，集群内部只要呈现出一定的有序结构和涌现性就能形成集群，运用斜坡球体定律解释了作为影响因素的牵引力、推动力和内驱力三者协同合作能推动创意产业集群衍生速度和水平的提高，并提出了创意产业集群的衍生动力来源于规模经济、知识溢出和联合行动。本书构建了创意产业集群衍生过程的阶段性模型，在创意产业集群衍生的初始期构建了合作伙伴选择的羊群行为模型，在合作期针对利益分配问题构建了演化博弈模型，同时分析了创意产业集群要想长久发展必须走生态化路线的原因。本书指出羊群行为会影响创意产业集群的稳定性，同时合作伙伴应该要考虑无形收益才能使集群发展长久，并且创意产业集群应该选择生态化的衍生路径，遵循可持续发展的原则。根据前文对三种衍生方式（自发集聚型、政府主导型和产业规划型）的对比分析，结合黑龙江省旅游创意产业集群的特点，本书指出黑龙江省旅游创意产业集群建立应选择政府主导的衍生方式，时机成熟之后，市场主导、政府调控将成为黑龙江省旅游创意产业集群发展的终极模式，提出了黑龙江省旅游创意产业集群的发展对策及建议：政府应该在宏观方面对旅游创意产业集群进行调控，完善黑龙江省的基础设施，提供良好的投资环境，为旅游创意产业的发展提供政策保障；集群内企业要深度挖掘“龙江文化”，开发更多有创意的旅游路线和旅游活动，要加强企业间合作，拓展旅游创意产业链，为黑龙江省旅游创意人才的发展提供广阔平台。

第三篇为创意产业集群企业间知识流动研究。本书分析了创意产业集群企业间知识流动的特征及途径。在创意产业集群内，企业间的知识流动特征明显，企业的交流，人才、设备和产品的流动，以及市场调查的方式是知识流动的主要途径。本书构建了创意产业集群企业间知识流动的结构方程模型，对可能影响知识流动的多个因素进行分析，并提出相应假设。结合问卷调查结果，本书运用结构方程模型对假设进行分析和验证，由此得出路径系数，表明知识供给主体、知识接收主体、知识属性、环境因素和主体间亲密度五个影响因素相互作用，共同对创意产业集群企业间知识流动具有显著性影响。本书以长沙市动漫产业集群为案例分析对象，通过分析集群的发展现状，找出抑制知识流动的主要因素，提出长沙市动漫产业集群企业间知识流动的促进策略，为创意产业集群的良好发展提供重要的理论基础和现实依据。

第四篇为黑龙江省创意产业集群化衍生研究。本书以黑龙江省为研究对象，在对黑龙江省创意产业和创意产业集群现状进行分析的基础上，对创意产业集群的衍生条件和衍生动因进行了总结，构建了创意产业集群合作伙伴选择模型及合作伙伴协同创新博弈模型。本书运用羊群行为指出了创意产业集群初期的缔结方式；采用主成分投影法进行创意产业集群合作伙伴的选择；同时采用博弈模型分析了创意产业集群稳定阶段，创意产业集群合作伙伴产生创新的协作竞争机制，有利于在创意产业集群内形成长期稳定的竞合关系，从而促进创意源或创意产品的产生。通过比较分析，本书认为黑龙江省的创意产业在发展前期应采取政府主导模式，在初具规模后应采用“龙头企业带动型”模式，但在过程中也离不开政府的引导，即以市场导向为核心、政府积极参与。本书提出有利于黑龙江省创意产业结构升级和集群效应提高的创意产业集群衍生的管理对策与措施，从宏观和微观的不同角度对黑龙江省发展创意产业提供对策与建议。

第一篇　基于知识互补的创意产业集群衍生机制研究

作为一个新型的产业组织形态，创意产业已经成为知识经济时代的战略标志性新兴产业的代表，是智慧、知识密集型的产业。创意产业集群作为创意产业发展的重要载体，成为推动区域经济发展的核心力量。创意产业集群的形成，为创意产业组织单元提供了良好的发展环境，有利于创意产业组织单元间信息、知识、技术、资本等资源的共享。知识互补对创意产业集群的形成具有关键性作用。它是在集群化模式、人员流动、创意迸发和企业发展需要等因素的共同影响下发展而来的，尤其对于创意产业组织单元来说，是维持长期经济增长和长期竞争力的主要因素。有效的知识互补能够使创意产业组织单元更易形成高效的分工协作体系，降低交易成本，形成竞争与合作趋势，促进新的创意产业集群出现。

第一章　创意产业组织单元知识互补的特征和方式

第一节　创意组织单元知识互补的相关概念

一、创意产业组织单元概念

组织单元是指具有固定或流动的群体，经过事先的计划布置安排，制定一定的合理性规章制度，实现群体独立对外经营和家庭作坊式独立经营的机构和部门。其通过采用技术知识、设备、设施等手段，为社会提供一系列的知识产品、实物产品和服务产品等，实现自身经营业绩的提升，同时为社会提供公益性的服务。

在创意产业集群中，创意产业组织单元是指涵盖了集群内部的所有企业。创意产业集群一个基本的功能就是创造出对自身发展有利的创意产业组织单元，通过组织单元间的相互联系、知识互补，传递所需的技术、知识、信息等。随着集群的不断发展，创意产业组织单元将逐渐分化，用以处理各种不同的具体任务和信息，彼此之间相互依赖，共享资源。

作为一个战略性新兴产业，创意产业是社会经济发展到一定阶段的必然选择，即城市经济转型的迫切需求、现代科技发展的有力支撑及文化竞争力提升的必然举措是当前我国创意产业勃兴的现实背景。而创意产业集群模式为创意产业的发展提供了良好的空间组织载体，也为创意产业组织单元提供了资源优势互补的平台。创意产业集群内创意产业组织单元通过知识和文化的创新能够碰撞出新的创意理念，从而进行创意产业组织单元间的知识互补，衍生出新的创意产业集群。

二、创意产业组织单元知识互补的概念

知识互补（knowledge complementary）是指知识的各个局部之间通常存在着互

为解释或互为强化的关系。创意产业组织单元间的知识互补主要是指集群中某一组织单元所拥有的生产技术、加工工艺、市场、进货渠道、管理方式等资源，通过创意产业组织单元间的合作与交流，创意人员和管理人员流动，新组织的衍生及其人员正式或非正式的沟通，能够成为整个集群伙伴共享的公共知识，从而产生创意产业组织单元间的知识溢出活动。在创意产业集群内部，知识互补是由于不同创意产业组织单元自身所含有的知识信息存量的差异性产生的，通过创意产业组织单元间的知识流动、知识共享、知识溢出等方式，来弥补和满足本组织单元在实际的发展过程中所缺乏的知识、技术、信息等资源，从而成为创意产业组织单元协同创新的桥梁。知识通过产生、获取、分析、组织、传递、接收、共享等途径，从某个主体向另外一个主体进行知识的转移与扩散，知识互补的过程同时也是创意产业组织单元创新能力的提升过程。从发展对象上讲，所提供知识的双方创意产业组织单元必须具有一致的知识相似性和互补性，及时补充自身不足。在现有知识和技术的情况下，产生新的技术能力水平，相互补充，相互扶持，共享创意收益。从互补的渠道上看，现代创意产业组织单元研发的创意产品往往具有较高的产品复杂性、过程复杂性和技术复杂性的特点。因此，创意产业组织单元知识互补一方面需要创意产业组织单元自身的知识积累和知识流动；另一方面也需要积极地寻找能够与自己研究产品相关的企业和部门，进而实现与其他企业知识的共享和利用。

第二节　创意产业组织单元知识互补的作用分析

知识经济时代的来临，使知识互补成为经济增长的决定性力量。获得互补性知识和实现知识互补已经成为创意产业集群发展的关键性因素，整个创意产业组织单元的经济增长及其创意产业集群的衍生都需要依靠知识的互补和创新来实现。创意产业组织单元知识的创新、积累、运用是获得长期市场竞争能力和经济增长的先决条件。为了在竞争激烈的市场中，保持创意产业组织单元的良性发展，企业必须获得对自己有利的互补性专业技术知识，把对知识的投资作为创意产业组织单元提升长期竞争力的主要途径。因此，实现知识互补，获得互补性知识是创意产业组织单元最主要的动机和目的，知识互补也自然地成为创意产业组织单元集群式缔结的驱动力。

一、集群竞争力的形成

在创意产业集群内部，知识的流动和共享促进了创意产业组织单元间的协同创新，创意产业组织单元将获取的知识通过筛选、分析、解释、强化等手段，将其转化为自己所需要的创意知识，使知识成为自身使用的动态能力。创意性知识的交换是知识流动的第一个环节。创意产业组织单元对知识有着强烈的渴望，迫切需求知识的流动。只有知识流动才能使创意产业组织单元获得更多的发展计划，创意产业组织单元要想获得所需的知识，必须将获取的知识转化为自己的知识（知识的固化），以此来应对市场激烈和残酷的竞争，而创意产业集群为知识的转化提供了便利。创意产业组织单元应该积极主动寻求外界知识的获取、交流与合作。创意产业集群的环境为创意产业组织单元知识的运用提供了良好的环境。相比较于传统产业来说，集群的健康发展紧贴于组织单元间的知识流动与创意人员之间的沟通与交流。在地理上的空间集聚也使知识在具有相同组织性质的创意产业组织单元、机构和具有丰富实践的创新人才中流动。从整个创意产业阶层来看，人才是创意产业组织单元的核心竞争力。无论是供应商、分销商、经销商，还是企业的高中低层的管理人员和员工，都应当建立自己的社交网络。通过创意产业组织单元间的相互学习、相互合作以及进行交互式的交流合作，能够形成一个不断集群创新的路径，生产出更多的创意产品，衍生新的集群。因此，创意产业集群只有实现知识的互补才能加速和促进创意产业组织单元的内在实力，提升集群的竞争力水平。

二、创意产品价值增值

知识和创意是创意产业的精髓，创意是经济、技术和文化相互交融的产物，创意产业生产出来的创意产品具有新的思想、新的内容、新的技术、新的文化内涵。尤其是文化艺术和数字技术的融合，是文化产业和技术产业交互发展的产物。创意产品也是通过先进的技术、较新的知识和文化理念孕育而成的，具有较高的创意价值。在音乐、动漫、版权和内容等产业中，创意产品体现出了知识化、个性化和智能化的特征。知识互补所带来的创意产品的价值不局限于创意产品本身，更多的是由于知识流动所带来的高附加值。例如，具有一定版权的创意产品，如图书、音乐、电影等，它们所实际创造出来的价值远远超越于汽车、服装和钢铁等制造业。创意产品的价值增值往往体现在两个方面：一是体现在创意内容上，通过使用精彩新颖的创意内容来吸引大众的眼球，培养大众群体对其创意内容的关注度；二是体现在渠道竞争上，利用渠道竞争优势，扩大创意产品影响范围，将创意产品由单一化改为多元化。

（1）丰富内容创意。在娱乐、艺术和传媒等领域中，内容创意是原创思想的构思，是创意产业价值和创意形成环节的顶端，是创意产业组织单元最具核心竞争力的重要部分，是具有巨大创意产业链的高利润价值区。知识互补使初始创意产业组织单元更多地进行知识和信息的交流，甚至是创意内容的交换，推动着创意组织产业组织单元间的进一步合作。美国的时代华纳作为全球规模最大、范围最广的互联网、娱乐和媒体集团，拥有着全世界范围内最大的动画片库、电影片库和电视剧库等丰富的内容资源，为全世界的观众呈现出一部部精彩无限的美国影片，正是基于这种知识的互补丰富了创意产品的内容，为企业带来了较高的经济收益。同时创意产业组织单元招收具有丰富创意知识的优秀人才，并提供宽松的创意环境氛围，有利于人才萌生创意理念、创意思路，从而实现内容创意真正意义上的创新。

（2）开拓传播渠道。渠道是创意产业组织单元间知识互补的桥梁，创意内容通过传播渠道转化为创意产品，实现创意产品的实际价值。良好的传播渠道是创意产业组织单元获得利润与发展的重要因素。创意产业组织单元利用渠道制胜的盈利模式实现了创意产业组织单元与其他组织单元间的知识流动。全球媒体界享有盛誉的巨头新闻集团将传播渠道定义为企业的战略目标，建立了渠道制胜的盈利模式，并分别成立了英国天空广播公司、福克斯广播公司和星空传媒集团等机构，揭示了信息传送方式的数量与企业所获利益是成正比的关系。当前，广播、报纸、电视、杂志、期刊、图书、电视等传播方式拓宽了新闻传播渠道。2006 年，新闻集团的年终财务收支表显示，传播渠道部分一年所产生的净利润占到了总体利润的 75%左右。这表明创意产品通过传播渠道来销售是实现利润增长的主要方式。多渠道全球化的传播方式将是未来创意产业组织单元进行创意产品销售和传播的重点，这种方式有利于降低创意产业所面临的高风险，实现预期的收益目标。在创意产业组织单元发展过程中，内容创意和传播渠道是关键部分，内容创意支撑着渠道的扩张，只有丰富了创意内容，才能使传播渠道吸引大众眼球。

综上所述，创意产业集群知识互补促进了创意的价值增值，主要体现在丰富内容和拓宽渠道上。

三、促进相关产业协同

在全球消费社会背景下新兴起的创意产业，已经成为一种战略性新兴产业，具有原创性及高附加值、高文化、高技术、高产业关联度“四高”特征，其中高产业关联度是创意产业发展的基础，各个创意产业组织单元之间都有着密切的技术、智力、经验和知识等方面的关联。知识互补使创意产业单元之间的创意不仅仅束缚于集群内部，而是产业相互之间学习和吸收。创意产业在带动相关产业发展的同时，将创意融合到其他产业的方式，有效延长了创意产品的生命周期。现如今，创意产业的发展已经产生了相关产业的关联效应，具体表现为：第一，创意产业显现出了巨大的群落性聚集效应，形成了巨大的创意产业集群区。事实上产业的集聚都是有利于组织单元更方便地获得资源、信息、公共服务和产品，获得一系列的经济政策扶持，增强成本优势和技术创新优势。近20年的发展，各种类型的创意产业在世界各大城市已呈现出高度集群化发展的迹象，像纽约、东京、伦敦等发达国家的大城市早已经成为世界公认的创意产业集群发展中心。第二，创意产业内部及其他产业的融合、重组、联盟和集群的趋势出现，对经济产生巨大的拉动作用，能形成较强的产业聚合力，提高产业产品的附加值，减少与其他产业发生的资源冲突，促进产业间的整合。

第三节　创意产业组织单元知识互补的特征

在20世纪初，马歇尔认为，知识信息量的增加和技术信息的传播是产业集群形成的一个重要原因。创意产业地理上的集聚对于创意产业组织单元知识的传递、共享与互补具有重要影响。特别是缄默知识的传播，其自身知识的流动需要模仿与实践、语言与观察的结合，而创意产业组织单元在地理位置邻近的状况下所需要的消耗成本较少，能够就近同具有相似体系的组织单元共同创造知识基础，促进缄默知识的流动。具体地说，创意产业组织单元的知识互补具有以下几个特征。

一、缄默知识溢出

创意产业是知识密集型产业，在创意产业的知识体系中，缄默知识是最重要、最核心的知识，因为缄默知识是最不易模仿和可持续的知识，缄默知识溢出也是创意产业集群的重要特征。

在创意产业集群中，创意知识可以比作一座漂浮在海面上的冰山，露出海面的冰尖部分可视为创意产业组织单元的显性知识，而进入海水中的部分可定义为创意产业组织单元的缄默知识，其中，可将透过海水看到的进入海中的冰块视为容易转化为显性知识的缄默知识，可将深入海底看不到的冰块视为不可转化为显性知识的缄默知识，如图1-1所示。

由此分析出，创意产业集群的知识主要是指集群内部创意产业组织单元之间流动和转化的创意知识，分为显性知识和缄默知识。其中，显性知识是指能用书面文字、数学公式或者图表所表述的知识；缄默知识是指知识高度个性化，依赖于创意个体的经验、联想、判断创意和潜意识当中的知识，如有关自己行为的知

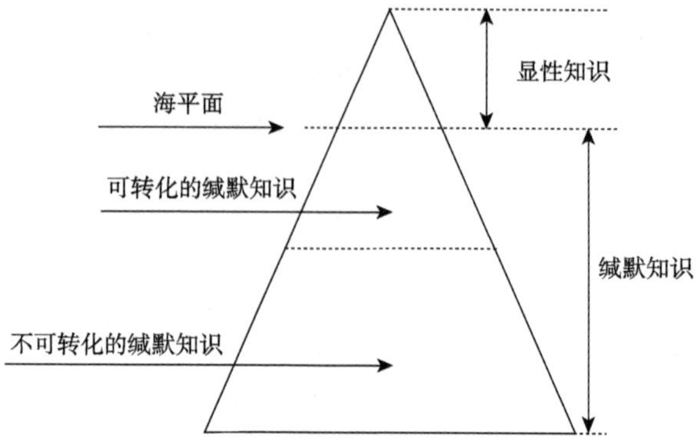

图 1-1　创意产业集群中的知识结构图

识。创意产业集群中，显性知识体现在具有外观设计专利和著作权的创意产品上，创意产品在没有进行有效的知识产权保护之前，容易被模仿和抄袭，因此创意产业组织单元在集群内有限传递显性知识。缄默知识往往存在于个体中，难以编码，主要是指集群中的创意的思维和管理方式。由于其转移和扩散不同于显性知识，可以以非常低的成本跨越边界，所以缄默知识流动与溢出产生必须存在近距离的知识交互。作为知识密集型的创意产业，集群中的缄默知识是最具有价值的知识，主要通过交流与合作，能够在各类活动当中产生知识流动，并出现新的显性和缄默知识。从事创意工作的人在集群的半工作场所氛围中工作、交流、合作，易达到理想的工作状态，产生新的创意，溢出大量缄默知识。

二、知识势差变化

知识势差中的“势”是用来表示物质的能量与所处的状态的，是一个物理学概念。知识势能是指某一时点、某一时期知识主体相对另一个知识主体所具有的知识能级的水平或状态，反映了特定主体在特定知识资源上的具体优势程度。在创意产业集群内部，各个创意产业组织单元所拥有的知识的广度和深度是不同的，知识资源分布也存在着不平衡性，不同知识主体之间存在着知识结构的差异性，即不同的创意产业组织单元在某一时刻、在同一类知识中，所掌握的知识位势是不同的，因而形成并产生了知识势差。所以知识势差在集群中的作用是表征不同创意产业组织单元间知识支配能力的差异。

知识势差是由知识的质量、数量及其知识结构决定的，它存在着两种基本类型：一种是存在于同一行业中不同企业中的“横向势差”；另一种是存在于不同行业中的“纵向势差”。单一知识主体或者知识客体在特定的视点上不存在知识势差，无参照系进行比较，但是在特定时点上是存在知识势差的。在知识互补的创意产业集群中，每个创意产业组织单元都掌握着不同的知识数量和知识质量，因此，存在着相对的高位势的知识主体和低位势的知识主体，知识一般会从高位势的知识主体流向低位势的知识主体，只是一个相对概念。当知识势差较小时，创意产业组织单元之间将不会产生继续合作的意愿，所建立的集群也不会太稳固；当知识势差较大时，知识的流动会进入新的循环，知识互补的过程将会更好地发生，如图 1-2 所示。

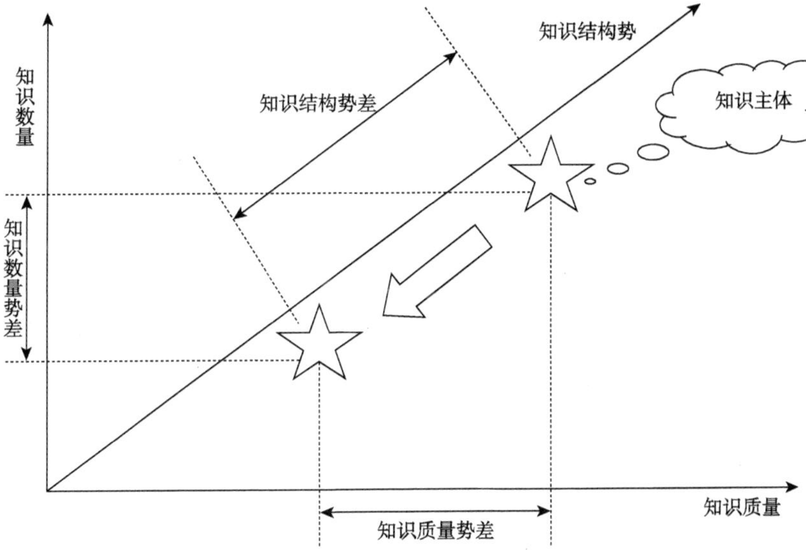

图 1-2　知识势差的变化

知识势差对创意产业集群的整体知识水平及其集群内的创意产业组织单元间的知识转移会产生很大影响。第一，这种知识势差是集群内创意产业组织单元间知识转移的动力，是集群整体知识存量增加过程中的一个状态；第二，某一创意产业组织单元的知识储备不足会造成整个集群的创新效益显著降低，形成“木桶效应”。正是集群中知识势差的存在，使集群中的创意产业组织单元不断地进行着知识转移，进而使集群中知识势差在时间上不断演变，提高集群中创意产业组织单元的知识位势，有益于集群增加整体的知识存量。

三、知识互补经济性

在经济学的定义当中，知识互补的经济性含义是指知识甲和知识乙单独运用经济活动时各自所获得的收益加总必定小于它们联合运用于经济活动时的收益。对于创意产业集群中的创意产业组织单元而言，如果其中的某些单元具有了知识互补性，那么就会有增加本组织单元收益的可能。

创意产业集群内创意产业组织单元间地理上的集聚，降低了知识在流动过程中所消耗的交易成本，使知识更易共享。创意产业组织单元与其他组织单元经过较长时间的知识、技术和能力等信息的交流与合作，实现了长期的知识互补，彼此之间建立了信任关系，同时构建了这种信任关系的合作制度约束，能够减少双方在知识互补过程中的协调与沟通成本，在积累社会资本的同时，保障合作的顺利进行。交易成本的降低也能够增强创意产业组织单元与其他组织单元间的专业化分工与合作，实现创意知识储存和溢出，从而达到创意组织单元间相互进行知识互补的目的。所以说知识互补是经济的。

四、知识互补关联性

创意产业集群中的创意产业组织单元间的知识具有差异性，创意产业组织单元间在进行知识溢出、扩散、转移、共享的过程中，所传播的创意知识必须要有关联性，并把互补作为创意产业组织单元间业务关联基础上的差异，即合作双方需要拥有共同的知识背景，彼此之间的创意知识必须具有差异性。当创意产业组织单元间进行合作时，相互学习、相互传递知识，如果双方的创意知识关联性不高，则一方单元获取知识与创新的机会就会很少。在学术界的领域内，合作双方由于创意知识的差异性而建立合作联盟，相反，如果创意产业集群中创意产业组织单元间的创意知识差异性较大，虽然组织单元间对于知识的获取和创新能力较大，但因为双方缺乏基础有效的沟通与交流，使得想获得的知识不能够实现。由此可以得出，创意产业集群中创意产业组织单元间创意知识的关联性是构成组织单元间良好合作与知识共享和互补的基础。

第四节　创意产业组织单元知识互补的条件

知识互补是创意产业集群形成的主要原因。知识互补的创意产业集群要求创意产业组织单元间、创意产业组织单元与科研院所及中介机构间能够建立一种根植于发展地区专业性的集群式缔结，通过各方合作的进一步深化来促进相互间的信任关系，使创意产业组织单元间的合作能够长久。同时彼此间又能够迅速清楚各方在产品生产、供给、销量方面的变化情况，对由此产生的一系列动态变化能够进行有效跟踪，以此做出准确的投融资决策。所以，专业化分工与合作的集群式缔结是创意产业内各专业性创意产业组织单元进行知识储存、转移和应用的重要方式，有利于专业化分工与合作关系网络形成与深化，同时合作关系制度为知识积累、转移、共享与互补提供了保护措施。创意产业组织单元知识互补的条件包括三方面内容：第一，创意产业组织单元所构成的合作关系网络；第二，创意产业集群内部的根植性专业化分工；第三，创意产业组织单元建立的合作关系制度。

一、合作关系网络

创意产业集群的发展既不能仅仅依靠外来的资本或者是所处地理位置的自然资源，也不能单纯地依赖政府，由于创意市场化和商业化的复杂性，创意知识难以被某个创意产业组织单元单独拥有。创业产业通过建立合作网络，加强与创意产业组织单元、政府、高校和科研机构的互动和交流，为知识、市场和技术的信息能够在创意产业组织单元传播和互补提供方便。良好的合作网络环境为创意产业组织单元提供了一个知识信息的交流平台，让组织单元间能够以较低的成本获取大量的有价值的创意知识。

在创意产业集群中，创意产业组织单元的知识、技术、资金和人才等创新资源有限，因而很难在创意产业发展过程中，取得创意市场化和商业化的突破、创新，即便刚开始取得了小的成绩，也难免会受到自身知识、技术、资源和能力的限制，被迫停止整个创意组织体系的运营工作。从创意产业集群中的创意产业组织单元集聚来看，个体或组织单元所拥有的创意知识、创新资源具有一定的互补性。合作网络形成的专业化分工，把其他组织单元的知识、技术、能力转化为自己竞争的核心能力，集中本身组织单元的核心知识、技术，最终实现自身能力的提升，共同营造独特的区域经济环境，形成具有竞争实力的创意产业集群。

二、专业化分工

合作关系网络的建立对于集群中创意产业组织单元的专业化分工具有重要影响，带动了集群内部专业化分工的出现，这种分工模式使知识不足的创意产业组织单元从地理邻近的其他组织单元获得互补性知识，提高了劳动生产效率。创意产业组织单元间的合作允许它们集中各自的发展优势，推动了拥有互补性知识的主导创意产业组织单元的新的创意产品的研发。集群内主导创意产业组织单元同新的创意产业组织单元建立双方的合作关系，有益于劳动分工，充分利用了创意知识的互补性。其主要体现在专业化分工产生的规模经济、知识和技术传播扩散过程中的外部经济性，以及创意产业组织单元集聚所引起的低运输成本，可以看出，专业化分工成为创意产业集群竞争优势的基本来源和地方区域经济发展的重要动力。专业化分工在知识互补的合作网络中体现三个特点。

1. 承担知识成本

创意产业组织单元发展具有周期长、风险大、成本高等风险，需要大量的资金投入复杂产品的研究和开发，仅仅依靠单独的创意产业组织单元难以承担和支付这部分资金消耗。所以，只有相关的创意产业组织单元合作起来，通过专业化分工共同承担知识投资成本，共同享有知识溢出所带来的好处，才能缩短知识投资的回报期，降低创意产业组织单元进行创意知识投资的风险性，获得大量的创意知识。

2. 实践应用

创意知识需要在创意产业组织单元间进行专业化分工的条件下，通过对具体创意产品的研发创作、使用及其他创意产品的观摩，来积累创意知识的应用情况，逐渐地收集新的创意理念、创意知识，在实践中将专业化知识不断地积累。相反，如果创意产业组织单元间的专业化分工不明确、不健全，组织单元自身不能集中核心力量，那么也不可能使专业化的知识进行积累和开发。

3. 精准知识投资

创意产业市场决定了创意知识的投资方向和力度。创意产业组织单元必须选择正确的、合适的创意知识进行精准战略投资。合作网络下创意产业组织单元间的专业化分工，增加了彼此间信任关系，能够清晰地了解上游的创意产品供应商和下游的创意产品客户在需求上的关系，对此做出及时的投资策略，确保正确的投资。与此同时，创意产业组织单元之间的专业化分工与合作使研发部门针对组织单元的技术需求更具有针对性。对于自身的研究，创意产业组织单元也可以用较低的成本获得更多的创意知识。

三、合作关系制度

建立合作关系制度（企业制度、政府政策、投融资制度、法律保障和监督体系、社会服务体系），是保证创意产业组织单元间的知识互补，促进创意产业组织单元间合作网络和专业化分工的具体保障措施。其有利于合作关系网络和专业化分工的形成与深化，有利于技术性知识的积累、互补和创新。创意产业组织单元在进行专业化分工时，受到了交易成本的束缚，组织单元在面临合作时往往很犹豫，而恰当合理的合作关系制度能够降低交易成本。交易成本的产生来自于合作中的机会主义、不确定性。然而合作关系制度是组织单元间相互合作的规则，它抑制和控制着创意产业组织单元在合作中所出现的机会主义行为和任意行为，避免合作过程中带来的风险。在合作的关系网络中，应建立统一的合作关系制度，要求所有创意产业组织单元必须共同遵守。

第五节　创意产业组织单元知识互补的类型与方式

汪丁丁（1997）在进一步研究知识的制度过程中，提出了知识互补包括附加互补性、序列互补性和复杂互补性三种不同类型的互补性知识。知识互补形式有两种：第一个是沿时间的互补性，即对同一个知识主体而言，尚未获得的知识与已经获得的知识之间存在着强烈的互补性关系；第二个是沿空间的互补性，即针对不同的知识主体而言，各个知识主体通过积累起来的知识来进行交往，从而形成互补关系。

一、知识互补的类型

从创意产业的特点来看，知识互补是通过附加互补性、序列互补性和复杂互补性三种不同类型的互补性知识的组合来创造价值的，如图 1-3 所示。

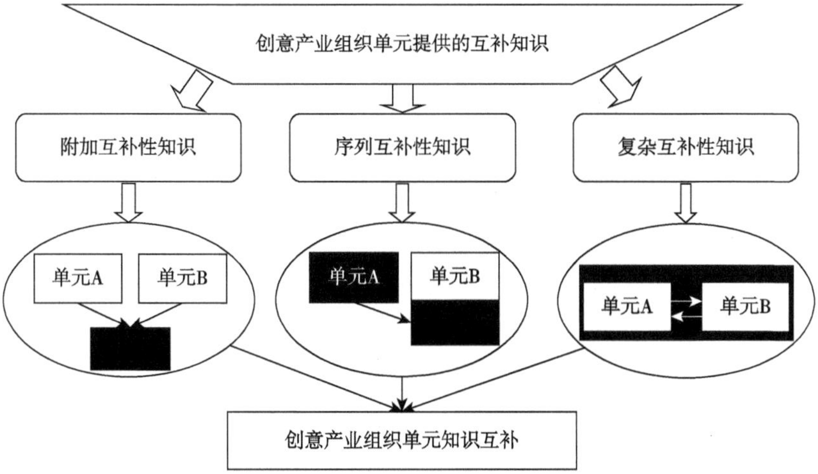

图 1-3　知识互补的类型

从知识互补角度分析，创意产业组织单元知识的相互关系分为三种。

1. 附加互补性知识

附加互补性知识是组织单元知识体系中最为普通的知识。创意产业集群中的创意产业组织单元 A 掌握生产创意产品的工艺水平和技术支持方面的重要性知识，然而同一行业的创意产业组织单元并不掌握这种重要性知识；不同行业中的创意产业组织单元 B 则掌握关于创意产业组织单元 A 专门的、互补性的知识，如销售渠道、消费者需求、资源供给等信息。两种来源不同的知识通过积累和合并，成为知识存量，最终成为创意产业组织单元的共享知识。

2. 序列互补性知识

在创意产业集群发展过程中，某一创意产业组织单元 A 掌握着创意产业组织单元 B 或者其他组织单元所不具备的互补性知识，如果将这些互补性知识作为一种投资，创意产业组织单元 A 将在集群内部环境中进行知识的转移和共享；创意产业组织单元 B 或者其他组织单元对接收到的互补性知识进行加工和转化。

3. 复杂互补性知识

在这种关系中，创意产业组织单元 A 和创意产业组织单元 B 间的知识形成是多维度的，相互依存，相互联系。例如，创意产业组织单元 A 的创意产品的研制生产和产品研发所需的知识取决于创意产业组织单元 B 关于市场外部的专业化知识的传送，而创意产业组织单元 B 在市场外采取的各项投资决策活动取决于创意产业组织单元 A 和其他组织单元在市场营销和产品研发等方面的专门知识，有益于知识溢出。

二、知识互补的方式

创意产业集群的知识互补是指知识沿着时间和空间实现知识转移的方式，反映了知识转移主体之间的互补关系，是衡量创意产业中创意产业组织单元形成集群式缔结的关键维度。

1. 创意产业组织单元知识沿时间的互补性

创意产业组织单元的知识是由创意人才所拥有的知识范围组成的。创意人才在执行工作任务实践中，得到了一种缄默知识，这种缄默知识通过形式的不断转变进而形成显性知识，这种显性知识可以用语言直接陈述出来，并根据创意产业组织单元的组织形式而被累积起来，形成一个巨大的显性知识库。当组织单元需要该知识库中的知识时，知识会被重复地使用并进一步发展进化，同时知识的互补也能促使创意知识的累积和使用知识经验的积累，增加显性知识库的知识存量，提高知识沿时间的逐渐推进进度。

2. 创意产业组织单元知识沿空间的互补性

创意组织单元所拥有的创意知识存量是不同的，有的存量多，有的存量少。

当两个知识存量不同的创意组织单元进行创新产品的研发、生产和销售的合作时，或者通过兼并、联盟、集群等方式进行这种合作时，两方的人才能够进行知识的互换和交流，共享自己所拥有的知识体系。创意产业组织单元利用这种合作方式不但扩大了自身的知识存量，而且促进了不同空间的知识整合和互补，并且产生了更多的创意产品和组织单元的管理方法。正是这种具有空间互补性的知识实现了创意产业组织单元知识沿空间的演进。

第二章　基于知识互补的创意产业组织单元的集群式缔结

通过对创意产业集群知识互补的特点和方式的分析，可以得出，知识互补促进了创意产业组织单元的集群式缔结。因此，本章将结合超循环理论、主成分投影法及博弈理论对知识互补的创意产业组织单元的集群的缔结过程进行分析。

第一节　创意产业组织单元的集群式缔结概念

创意产业组织单元的集群式缔结是指创意产业组织单元由非集群形态的产业组织形式通过结网而缔结的具有创意产业集群形态的创意产业组织形式。从组织行为学的研究领域中我们了解到，不同行为会受到来自不同方向的欲望和动机的驱使，并指向统一的目标，个体之间通过订立一系列的规则和条约来实现组织的目标，这种行为称为动机性行为，是个体行为的基础，也是产生创意产业组织单元的集群式缔结的根源。创意产业组织单元要想实现集群式缔结，首先要有加入创意产业集群的动机，彼此间各组织单元还存在着互利合作的关系，从而才能够形成集群式的缔结。

第二节　基于超循环的创意产业组织单元的集群式缔结的过程

超循环理论（hypercycle theory）是一种关于非平衡态系统的自组织现象的理论。德国生物科学家 M. 艾肯（M. Eigen）于 20 世纪 70 年代直接从生物领域的研究中提出，在生命现象中包含很多由酶催化作用所推动的各种循环，而基层的循环又组成了更高层次的循环，即超循环。艾肯认为超循环系统有多种形式，超循环组织在社会系统中起着某种重要作用。创意产业集群系统是由若干个集群内部的创意产业组织单元组成的，为了实现创意产业组织单元集群式缔结，需要创意产业集群伙伴做出决策行为，通过知识互补，实现知识创新，获得持续发展动力，促进新的集群出现的复杂系统，可以将其看成一个生命系统，以超循环结构的形式演化和发展。

创意产业集群通过创意产业组织单元的知识互补活动交叉影响，可以形成更为复杂的超循环网络。创意产业集群就是这种超循环网络的典型形式，是指创意产业组织单元在实现集群式缔结的过程中，为了促进知识流动、知识转移、知识资源共享，与其他组织单元通过缔结盟约而结成的知识资源互补、风险共担、知识要素双向或多向流动的集群组织或利益共同体。其产生的结果是创意产业组织单元通过集群式缔结相互学习和创造知识，不仅获取了市场交易等方式无法获取的经验、技术和能力等隐性知识，而且通过知识互补，又创造出单个创意产业组织单元无法创作的新知识，使集群的伙伴共同受益。

如果把创意产业集群看做一个超循环组织，那么单个创意产业组织单元就是组成超循环组织的具有自我复制、自我催化能力的一个催化循环。这种超循环也是进行着对集群合作伙伴的竞争、选择及其衍生新的集群的综合过程。图 2-1 以两个创意产业组织单元为例，A 和 B 分别代表两个创意产业组织单元。

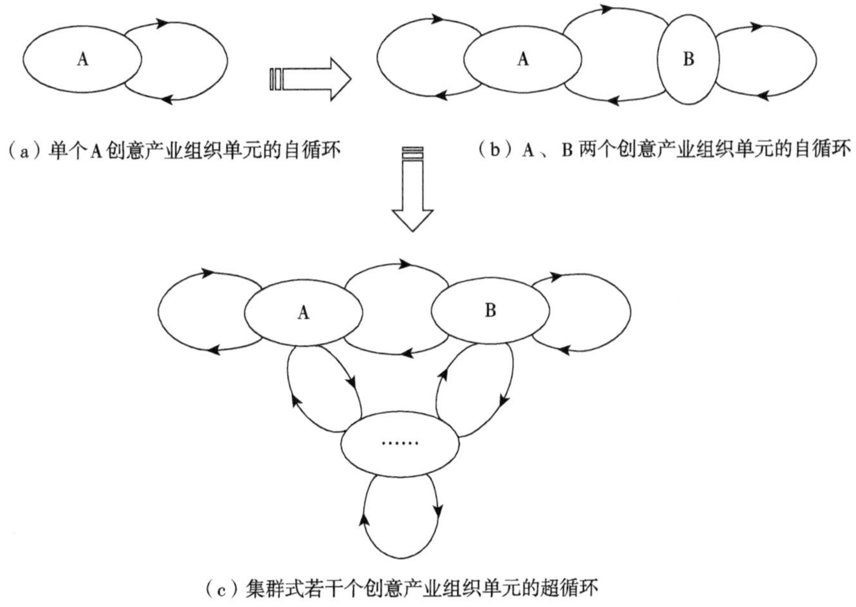

图 2-1　知识互补的创意产业组织单元集群式缔结过程

从图 2-1 可以看出，知识互补的创意产业集群式缔结是由创意产业组织单元 A 自身内部循环发展而成的，这种循环模式在如今的市场中是普遍存在的，在企业进行快速发展的过程中，由于市场的影响，出现了不具有稳定性和暂时虚拟性的突变组织单元 B，于是这两种创意产业组织单元形成一种合作的关系，创意产业组织单元 A 将 B 套入自己的循环过程当中，从而形成两个实体性质的循环圈，这种循环方式也存在不稳定因素，受外在环境影响较大，如果外部条件和环境适应此循环，就能够给两个创意产业组织单元带来巨大收益，以此来巩固创意产业组织单元 A 和 B 的循环过程，就会使越来越多的相关创意产业组织单元进入该循环过程当中，产生新的循环体系，衍生出创意产业集群。如果集群内部的组织单元对外部环境较适应，吸收知识资源的程度高，与外部进行良性的知识流动，就能够激发新奇创意的理念。与此同时，开放式的集群衍生模式将会促进集群建立资源优势互补形式。这种知识和资源共享的动态循环结构，维持着创意产业集群的健康有序发展。

第三节　基于知识互补的创意产业集群式缔结伙伴的选择分析

创意产业知识互补性的特征决定了创意产业组织单元集群式缔结是通过知识互补、协作竞合的方式来选择合作伙伴组建集群的。因此，集群式缔结中集群伙伴的正确评价与选择是创意产业组织单元缔结的关键，也是创意产业集群衍生的基础性条件。

一、集群式缔结伙伴选择原则

创意产业集群的发展在我国已经初具规模，创意产业组织单元为了寻求更高的经济利益，在激烈的市场竞争中立于不败之地，开始寻找那些拥有创意知识、创意信息、互补性技术和广阔的市场的合作伙伴。对于创意产业集群中的创意产业组织单元而言，缔结伙伴的选择对合作效果的影响是不同的，一方面要看双方是否具有互补优势；另一方面要看能否通过彼此间的有效合作构成双方组织单元双赢的新型关系，达到 1+1>2 的合作效果。

在创意产业集群中，对于潜在的创意产业组织单元集群式缔结伙伴的选择应综合考虑三个方面。

1. 缔结伙伴的兼容性

兼容已经成为创意产业组织单元的一种策略行为和竞争手段。其主要是指创意产业组织单元在合作中能够在战略投资、市场经营、技术创新等方面保持统一性，规避了创新产品市场和技术的竞争，共同分担双方所面临的市场风险，保证创意产业组织单元缔结伙伴的长久性，使这种有利的合作关系进一步深化下去。

2. 缔结伙伴的协同性

缔结伙伴的协同取决于被选择的伙伴是否具有互补性的创意知识。创意产业组织单元最好根据知识互补的优势尽量选择那些自愿全力分享创意知识、贡献资源的组织单元，将其作为缔结伙伴。这种协同伙伴关系将会有利于各创意产业组织单元集中、整合研发资源，承担研发风险，提升创意产业组织单元研发能力；有利于获取外部资源，能够与竞争对手、客户、科研机构、大学、供应商构成协同创新关系，提升创意产业组织单元的自身技术创新能力；有利于创意产业组织单元间的知识互补，提高知识的转移速度和转移质量，可以让组织单元获得更高的收益。

3. 缔结伙伴的稳定性

合作伙伴的稳定是双方进一步合作的前提，创意产业组织单元在合作过程中，应表现出各自较强的合作意愿，对自己所做出的承诺（资金投入、资源共享、经营管理等）条件要尽全力实施，相互间应承担一定的责任与义务，建立良好的信任关系，构建长期、稳定的合作关系。

二、创意产业集群式缔结伙伴的评价指标体系

集群缔结伙伴的评价指标体系应遵循系统性、全面性、科学性和可操作性的原则。建立合理的评价指标体系是评价的基础，它能够科学、客观地反映出集群缔结伙伴评价因素的具体内容和相互之间的内在联系。创意产业集群缔结伙伴评价指标设为 A，当作一级指标。一级指标下包括三个层次的二级指标：集群缔结伙伴个体指标 B_1（硬指标）、伙伴合作关系指标 B_2（软指标）、集群伙伴知识互补性指标 B_3。每一个二级指标下又设立若干个三级指标 C_{11}，…，C_{1n}；C_{21}，…，C_{2n}；C_{31}，…，C_{3n}。在三个层次的二级指标基础上，建立了创意产业集群缔结伙伴评价指标体系，如表 2-1 所示。该指标体系能够从缔结伙伴的个体因素硬性指标、缔结关系软性指标及伙伴知识互补性指标层全面且较合理地评价创意产业集群缔结伙伴。

表2-1　创意产业集群缔结伙伴评价指标体系

目标层	主准则层	分准则层	指标代码
一级指标	二级指标	三级指标	
创意产业集群缔结伙伴评价指标 A	集群缔结伙伴个体指标 B_1（硬指标）	企业规模	C_{11}
		经营水平	C_{12}
		员工素质	C_{13}
		技术创新能力	C_{14}
		进入市场能力	C_{15}
		管理经验	C_{16}
	伙伴合作关系指标 B_2（软指标）	市场信誉	C_{21}
		能力平衡	C_{22}
		信任水平	C_{23}
		兼容性	C_{24}
	集群伙伴知识互补性指标 B_3	知识互补性	C_{31}
		技术互补性	C_{32}
		资源互补性	C_{33}
		目标一致性	C_{34}
		和谐文化	C_{35}

三、基于主成分投影法的创意产业集群式缔结伙伴评价模型

主成分投影法是一种多指标综合评价的新方法，该方法在对各项指标完成无量纲化和适当的处理后，经过正交变化将原来的 m 个指标换成彼此正交的 m 个综合指标，由此解决了指标的信息重叠问题，然后利用各主成分设计一个评价向量，将被评价对象相应的向量在该理想评价向量方向上的投影作为一维的综合评价指标。因此采用主成分投影法构建创意产业组织单元集群式缔结伙伴的综合评价模型，力求使评价结果科学、合理。

1. 建立评价样本矩阵

设有 n 个评价对象，其中每个评价的对象都有 m 个指标对其进行描述，评价样本矩阵是

$$\boldsymbol{X}_{n\times m}=\begin{vmatrix} X_{11} & X_{12} & \cdots & X_{1m} \\ X_{21} & X_{22} & \cdots & X_{2m} \\ \vdots & \vdots & & \vdots \\ X_{n1} & X_{n2} & \cdots & X_{nm} \end{vmatrix} \qquad (2\text{-}1)$$

在这个评价矩阵中，第 i 个评价向量对应 $\boldsymbol{X}_{n\times m}$ 的第 i 行（ X_{i1}， X_{i2}， …， X_{in} ）；表示第 i 个评价对象的 m 个指标的实际值（i=1，2，…，n）；第 j 个评价指标向量 $\boldsymbol{X}_j$ 对应于 $\boldsymbol{X}$ 的第 j 列（ X_{1j}， X_{2j}， …， X_{nj} ），表示第 j 个指标向量对 n 个对

象的评价值（ j=1，2，…， m ）。这里共选取创意产业集群合作伙伴评价中的 15 个评价指标，即 m=15。

2. 指标值的确定和无量纲化

从选取的 15 个评价指标来看，每一个评价指标的指标类型、数量级和量纲都有差异。在避免评价结果的差异较大的情况下应对指标进行标准化处理，为了便于矩阵计算，将指标值归一化处理，记为 $\boldsymbol{Y}$。指标中含有效益型指标、成本型指标，采用级差变化法来对评价矩阵的指标数值进行处理。

对于效益型指标，有

$$y_{ij}=\frac{x_{ij}-\min\limits_{1\leqslant i\leqslant m}\left\{x_{ij}\right\}}{\max\limits_{1\leqslant i\leqslant m}\left\{x_{ij}\right\}-\min\limits_{1\leqslant i\leqslant m}\left\{x_{ij}\right\}} \tag{2-2}$$

对于成本型指标，有

$$y_{ij}=\frac{\max\limits_{1\leqslant i\leqslant m}\left\{x_{ij}\right\}-x_{ij}}{\max\limits_{1\leqslant i\leqslant m}\left\{x_{ij}\right\}-\min\limits_{1\leqslant i\leqslant m}\left\{x_{ij}\right\}} \tag{2-3}$$

其中，式（2-3）中的 $\max\left\{x_{ij}\right\}$ 是指第 i 个评价对象对应 j 项指标的最大实测值；同理，$\min\left\{x_{ij}\right\}$ 指的是最小实测值。经过标准化和无量纲化处理后，样本矩阵转化为

$$\boldsymbol{Y}=\left(y_{ij}\right)_{n\times m}，\quad y_{ij}\in(0,1) \tag{2-4}$$

3. 指标权重的确定

CRITIC 法是由 Diakoulaki 提出的另一种客观权重赋权方法，以评价指标之间存在的差异冲突和同一指标下每一个评价方案之间的取值差异为依据，通过标准差表示出来。当标准差的值越大时，那么每一个评价方案的取值也就越大。对于评价指标来说，具体表现为指标之间的相关性，如两个指标之间存在着较强的正相关，说明两个指标具有较低的冲突性。同时 CRITIC 法是一种比熵权法更能够比较客观反映指标客观权重的计算方法。因此，采用 CRITIC 法来确定创意产业组织单元集群式缔结伙伴评价指标权重，这里采用 CRITIC 法来确定各指标的权重 ω_j。

经过数据的一系列标准化后，第 j 个指标与其他指标的冲突性的量化指标是 $\sum\limits_{i=1}^{n}\left(1-r_{ij}\right)$，其中，$r_{ij}$ 是评价指标 i 和 j 的相关性。设 C_j 是指第 j 个指标所拥有信息量的多少，可以表示为

$$C_j=\sigma_j\sum_{i=1}^{n}\left(1-r_{ij}\right)\ (j=1,2,\cdots,m) \tag{2-5}$$

其中，σ_j 为 j 指标的标准差，当 C_j 越大时，则第 j 个评价指标所拥有的信息量也越大，并且显得越来越重要，因此该指标的客观权重为

$$\omega_j = \frac{C_j}{\sum_{j=1}^{m} C_j} \quad (j = 1, 2, \cdots, m) \tag{2-6}$$

4. 赋权决策矩阵的建立

通过 CRITIC 法求解出各指标权重 ω_j 的同时，也要对样本矩阵 $\boldsymbol{Y}$ 进行加权处理，使 $Z_{ij} = \omega_{ij} \times y_{ij}$，得出加权之后的样本矩阵为

$$\boldsymbol{Z} = \left(Z_{ij}\right)_{n\times m} = \left(\omega_{ij} \times y_{ij}\right)_{n\times m} \tag{2-7}$$

5. 指标的正交变换

当创意产业集群缔结伙伴综合评价的指标数量过多，同时评价指标间的相互关联性较密切时，往往会导致评价信息成分的冗余与叠加，严重影响评价结果。因此，为了过滤和剔除冗余和叠加信息，使评价结果较准确，应采用正交变换，令

$$\boldsymbol{R}_{n\times m} = \boldsymbol{Z}_{n\times m} \boldsymbol{P}_{m\times m} \tag{2-8}$$

其中，正交矩阵 $\boldsymbol{P} = \left(\boldsymbol{\alpha}_1, \boldsymbol{\alpha}_2, \cdots, \boldsymbol{\alpha}_m\right)$，满足

$$\boldsymbol{R}^{\mathrm{T}} \boldsymbol{R} = \boldsymbol{P}^{\mathrm{T}} \left(\boldsymbol{Z}^{\mathrm{T}} \boldsymbol{Z}\right) \boldsymbol{P} = \begin{vmatrix} \gamma_1 & & & \\ & \gamma_2 & & \\ & & \cdots & \\ & & & \gamma_M \end{vmatrix} \tag{2-9}$$

其中，$\gamma_1, \gamma_2, \cdots, \gamma_m \left(\gamma_1 \geqslant \gamma_2 \geqslant \cdots \geqslant \gamma_m\right)$ 是 $\boldsymbol{R}^{\mathrm{T}}\boldsymbol{R}$ 矩阵的特征值，所对应的特征向量为 $\boldsymbol{\alpha}_1$，$\boldsymbol{\alpha}_2$，…，$\boldsymbol{\alpha}_m$。通过雅克比（Jacobi）方法进行计算，得出正交评价矩阵 $\boldsymbol{R}$ 的新向量为 $\boldsymbol{r}_i = \left(r_{i1}, r_{i2}, \cdots, r_{im}\right)$，其中（ i=1, 2, …, m ）。

6. 构造理想决策对象和计算样本投影值

把每个样本看成一个 m 维向量，所构造的理想评价决策向量为 $\boldsymbol{v}^* = \left(v_1, v_2, \cdots, v_m\right)$，其中，$v_i = \max\limits_{1\leqslant j\leqslant m}\left(r_{ij}\right)$，$i$=1，2，…，$m$。将 $\boldsymbol{v}^*$ 单位化，得到

$$\boldsymbol{v}_0^* = \frac{\boldsymbol{v}^*}{\left\|\boldsymbol{v}^*\right\|} = \frac{\boldsymbol{v}^*}{\sqrt{v_1^2 + v_2^2 + \cdots + v_m^2}} \tag{2-10}$$

各评价向量在理想样本上的投影值为

$$V_i = \boldsymbol{r}_i \boldsymbol{v}_0^* = \frac{\boldsymbol{r}_i \boldsymbol{v}^*}{\sqrt{v_1^2 + v_2^2 + \cdots + v_m^2}} = \frac{1}{\sqrt{v_1^2 + v_2^2 + \cdots + v_m^2}} \sum_{j=1}^{m} r_{ij} v_j \tag{2-11}$$

7. 投影值大小排序

根据计算所得到的投影值，进行综合评价排序，由此分析出各评价指标对象的投影值大小与评价理想对象是否相近，进而选择投影值较大的缔结伙伴进行合作。

四、创意产业组织单元集群式缔结伙伴的评价与选择

在创意产业集群中，创意产业组织单元为获得互补性知识，提高自身技术创新能力，需要选择合适的缔结伙伴。现选取集群中潜在的创意产业组织单元集群式缔结伙伴 9 家（评价对象 n=9），分别为 E_1，E_2，E_3，…，E_9。创意产业组织单元根据表 2-1 的评价指标体系，做出非常好、很好、一般、较差、非常差的维度规范，并对这五个维度采用 1~5 分的专家评分法赋值，对所选的缔结伙伴进行打分，在对专家意见进行多次综合的预测和分析后，具体指标数据如表 2-2 所示。

表2-2　创意产业组织单元集群式缔结伙伴评价指标

缔结伙伴	一级指标						二级指标				三级指标				
	C_{11}	C_{12}	C_{13}	C_{14}	C_{15}	C_{16}	C_{21}	C_{22}	C_{23}	C_{24}	C_{31}	C_{32}	C_{33}	C_{34}	C_{35}
E_1	4	1	2	3	3	5	1	4	2	4	3	2	3	5	4
E_2	5	2	1	2	4	3	4	2	2	3	4	3	5	4	2
E_3	1	2	5	4	2	1	3	5	4	1	2	2	3	4	1
E_4	2	3	4	1	5	1	2	4	3	2	5	3	2	1	2
E_5	4	3	5	1	4	2	1	3	2	2	1	4	1	3	4
E_6	2	5	4	3	2	1	3	4	4	1	2	3	4	2	3
E_7	5	1	3	2	1	5	4	2	4	3	3	1	5	3	2
E_8	3	4	5	4	2	1	1	3	2	4	2	1	2	1	3
E_9	3	4	2	2	3	3	2	4	5	1	2	1	3	4	2

参照式（2-2）将数据标准化处理，如表 2-3 所示。

表2-3　集群式缔结伙伴评价指标的标准化

缔结伙伴	一级指标						二级指标				三级指标				
	C_{11}	C_{12}	C_{13}	C_{14}	C_{15}	C_{16}	C_{21}	C_{22}	C_{23}	C_{24}	C_{31}	C_{32}	C_{33}	C_{34}	C_{35}
E_1	0.750	0.000	0.250	0.667	0.500	1.000	0.000	0.667	0.000	1.000	0.500	0.333	0.500	1.000	1.000
E_2	1.000	0.250	0.000	0.333	0.750	0.500	1.000	0.000	0.000	0.667	0.750	0.667	1.000	0.750	0.333
E_3	0.000	0.250	1.000	1.000	0.250	0.000	0.667	1.000	0.667	0.000	0.250	0.333	0.500	0.750	0.000
E_4	0.250	0.500	1.000	0.000	1.000	0.000	0.333	0.667	0.333	0.333	1.000	0.667	0.250	0.000	0.333

续表

缔结伙伴	一级指标						二级指标				三级指标				
	C_{11}	C_{12}	C_{13}	C_{14}	C_{15}	C_{16}	C_{21}	C_{22}	C_{23}	C_{24}	C_{31}	C_{32}	C_{33}	C_{34}	C_{35}
E_5	0.750	0.500	1.000	0.000	0.500	0.250	0.000	0.333	0.000	0.333	0.000	1.000	0.000	0.500	1.000
E_6	0.250	0.000	0.750	0.667	0.250	0.000	0.667	0.667	0.667	0.000	0.250	0.667	0.750	0.250	0.667
E_7	1.000	0.000	0.500	0.333	0.000	1.000	1.000	0.000	0.667	0.667	0.500	0.000	1.000	0.500	0.000
E_8	0.500	0.750	1.000	1.000	0.250	0.000	0.000	0.333	0.000	1.000	0.250	0.000	0.250	0.000	0.667
E_9	0.500	0.750	0.250	0.333	0.500	0.500	0.333	0.667	1.000	0.000	0.250	0.000	0.500	0.750	0.333

运用 CRITIC 法确定集群缔结评价指标的指标权重，将表 2-3 中数据代入式（2-5）和式（2-6），经过计算得出指标包含的信息量 C_j 和指标权重 ω_j，如表 2-4 所示。

表2-4　集群式缔结伙伴选择各指标的信息量和指标权重

评价指标	C_{11}	C_{12}	C_{13}	C_{14}	C_{15}	C_{16}	C_{21}	C_{22}	C_{23}	C_{24}	C_{31}	C_{32}	C_{33}	C_{34}	C_{35}
信息量	1.136	1.732	1.219	1.658	1.421	2.259	1.925	1.487	2.078	1.925	1.516	1.832	1.367	1.500	1.658
指标权重	0.053	0.070	0.049	0.067	0.058	0.091	0.078	0.060	0.084	0.078	0.061	0.072	0.051	0.061	0.067

根据式（2-7），建立赋权决策矩阵（表 2-5）。

表2-5　赋权决策矩阵

缔结伙伴	一级指标						二级指标				三级指标				
	C_{11}	C_{12}	C_{13}	C_{14}	C_{15}	C_{16}	C_{21}	C_{22}	C_{23}	C_{24}	C_{31}	C_{32}	C_{33}	C_{34}	C_{35}
E_1	0.040	0.000	0.012	0.045	0.029	0.091	0.000	0.040	0.000	0.078	0.031	0.025	0.028	0.061	0.067
E_2	0.053	0.018	0.000	0.222	0.044	0.046	0.078	0.000	0.000	0.052	0.046	0.049	0.051	0.046	0.022
E_3	0.000	0.018	0.049	0.067	0.015	0.000	0.052	0.060	0.056	0.000	0.015	0.025	0.028	0.046	0.000
E_4	0.013	0.035	0.049	0.000	0.058	0.000	0.026	0.040	0.028	0.026	0.061	0.049	0.014	0.000	0.022
E_5	0.040	0.035	0.049	0.000	0.044	0.023	0.000	0.020	0.000	0.026	0.000	0.072	0.000	0.031	0.067
E_6	0.013	0.000	0.037	0.045	0.015	0.000	0.052	0.040	0.056	0.000	0.015	0.049	0.041	0.015	0.045
E_7	0.053	0.000	0.025	0.222	0.000	0.091	0.078	0.000	0.056	0.052	0.031	0.000	0.051	0.031	0.000
E_8	0.027	0.053	0.049	0.067	0.015	0.000	0.000	0.020	0.000	0.078	0.015	0.000	0.014	0.000	0.045
E_9	0.027	0.053	0.012	0.222	0.029	0.046	0.026	0.040	0.084	0.000	0.015	0.000	0.028	0.046	0.022

再利用正交变化，构造理想决策对象 v^*，得出 $v^* = (0.855, 0.833, 0.928, 0.162, 0.608, 0.608, 0, 1, 0, 1, 1, 1, 0, 1, 1)$，计算投影值并排序，如表 2-6 所示。

表2-6　缔结伙伴的综合评价值和排序

缔结伙伴	E_1	E_2	E_3	E_4	E_5	E_6	E_7	E_8	E_9
投影值	0.135	0.293	0.157	0.387	0.113	0.219	0.000	0.333	0.000
排名	6	3	5	1	7	4	8	2	9

从表 2-6 中可以看出，创意产业组织单元集群式缔结伙伴的排序为 $E_4 > E_8 > E_2 > E_6 > E_3 > E_1 > E_5 > E_7 = E_9$，即 E_4 应为创意产业组织单元的最优的缔结伙伴。

第四节　基于知识互补的创意产业组织单元集群式缔结的动态演化

一、集群式缔结动态进化博弈分析思路

演化博弈论以达尔文生物演化论和拉马克的遗传基因理论为基本思想，通过分析群体的演化过程，来达到对演化均衡状态下的推演。该理论摒弃了完全理性的假设，以参与人群体为研究对象，依赖于演化的初始条件及其演化路径，把影响均衡的各种因素都纳入演化博弈模型中，构成一个具有微观基础的宏观模型，最终得到演化稳定策略。同时演化博弈理论也是一种动态的均衡理论，它从系统整体出发，把群体行为的反复调整过程看做一个系统，并在有限理性的条件下，通过最有利的重复策略逐渐模仿下去，达到一种均衡。

目前，我国已经形成了具有代表性的六大创意集群（以北京为核心的首都创意产业集群，以上海为龙头的长三角创意产业集群，以广州、深圳为聚集区的珠三角创意产业集群，以昆明、丽江、三亚为中心的滇海创意产业集群，以重庆、成都、西安为中心的川陕创意产业集群，以长沙为代表的中部创意产业集群）。从近几年的创意产业集群发展来看，创意产业集群中的创意产业组织单元在知识、信息、技术创新能力等方面存在着较大的资源短缺，并伴随着不确定性和风险性，集群内部环境的相关配套服务机构、设备、制度等功能配套不够完善，外部环境的政府政策、金融投资、法律援助等均未达到成熟水平，知识互补的创意产业组织单元的集群式缔结行为需要经历长期的磨合过程，是一个趋于逐渐演化的过程，因此，采用演化博弈模型对其进行分析。在这种集群式缔结行为的博弈中，每个创意产业组织单元根据自身需求选择自己的策略，在追求自身利益最大化的同时，寻求合作上的共赢，最终达到双方利益关系的动态平衡。

二、动态演化博弈模型假设与建立

创意产业集群中的创意产业组织单元集群式的缔结行为是以自身利益为基础的，同时兼有利他性。由于创意产业组织单元间的长期交流与合作形成了良好的合作信誉，这种基于自身利益和对方利益的合作呈现出一种复杂、强烈的互惠关系。在一定市场环境下，那些兼顾对方利益的创意产业组织单元能够促使其他有利于自身利益的组织单元采取缔结合作战略，实现知识互补、协同共享；基于互惠互利性，起初不愿缔结合作的组织单元在利益驱使下，逐步转变并最终实现缔结合作，从而采取这种具有能够长期稳定发展下去的合作稳定策略。

现假设在创意产业集群中有创意产业组织单元 1 和创意产业组织单元 2，两个组织单元的缔结行为意图是（缔结合作，不缔结合作）。当两个创意产业组织单元没有选择缔结合作方式时，双方所获得的收益为 M_1 、M_2 ；当两个创意产业组织单元选择缔结合作方式时，所获得的额外收益为 T_1 、T_2 ；双方通过相互缔结合作有利于彼此间知识、信息、技术等资源的互补，则设定组织单元间的吸收能力为 k；在缔结合作过程中所产生自身核心知识、能力、交易费用的损失为 d_1 、d_2 ；进行缔结合作的风险（目标取向、信息不对称、知识互补、技术创新、资源分配等）参数设定 η 。创意产业组织单元缔结合作行为的博弈矩阵，如表 2-7 所示。

表2-7　创意产业组织单元缔结合作行为的博弈矩阵

创意产业组织单元 1 \ 创意产业组织单元 2	缔结合作（ y ）	不缔结合作（ $1-y$ ）
缔结合作（ x ）	$M_1+kT_1-\eta d_1$, $M_2+kT_2-\eta d_2$	$M_1-\eta d_1$, M_2
不缔结合作（ $1-x$ ）	M_1 , $M_2-\eta d_2$	M_1 , M_2

收益是创意产业集群内创意产业组织单元是否选择缔结合作行为的重要影响因素。设创意产业组织单元 1 选择缔结合作行为的战略概率为 x，则创意产业组织单元 2 所选择缔结合作行为的战略概率为 y ，创意产业组织单元 1 选择缔结合作与不缔结合作的期望收益为 I_1、I_2，平均收益则为 $\overline{I}$ 。

$$I_1=y\left(M_1+kT_1-\eta d_1\right)+\left(1-y\right)\left(M_1-\eta d_1\right) \quad (2\text{-}12)$$

$$I_2=yM_1+\left(1-y\right)M_1 \quad (2\text{-}13)$$

$$\overline{I}=xI_1+\left(1-x\right)I_2 \quad (2\text{-}14)$$

同理，创意产业组织单元 2 选择缔结合作与不合作的期望收益为 J_1 、J_2 ，则平均收益 $\overline{J}$ 为

$$J_1 = x\left(M_2 + kT_2 - \eta d_2\right) + \left(1-x\right)\left(M_2 - \eta d_2\right) \tag{2-15}$$

$$J_2 = xM_2 + \left(1-x\right)M_2 \tag{2-16}$$

$$\overline{J} = yJ_1 + \left(1-y\right)J_2 \tag{2-17}$$

复制动态所描述的是某一特定策略在一个群体中被使用的频数和频率的动态微分方程。当一种策略的适应度比群体的平均适应度高时，这种策略就会在群体中发展。依据 Mathusian 动态方程，策略的增长率与它的相对适应度相等同，如果此策略的群体平均适应度比个体适应度低，此策略就会出现不同程度的增长。因此，创意产业组织单元 1 和 2 的复制动态方程为

$$f\left(x\right) = \frac{\mathrm{d}x}{\mathrm{d}t} = x\left(I_1 - \overline{I}\right) = x\left(1-x\right)\left(I_1 - I_2\right) = x\left(1-x\right)\left(ykT_1 - \eta d_1\right) \tag{2-18}$$

$$f\left(y\right) = \frac{\mathrm{d}y}{\mathrm{d}t} = y\left(J_1 - \overline{J}\right) = y\left(1-y\right)\left(J_1 - J_2\right) = y\left(1-y\right)\left(xkT_2 - \eta d_2\right) \tag{2-19}$$

创意产业组织单元 1 和 2 的缔结行为博弈通过微分方程来系统描述。运用雅克比矩阵局部稳定性分析法，对创意产业集群中创意产业组织单元集群式缔结合作稳定性进行分析，并且由该系统的雅克比矩阵结构来分析其均衡点的稳定性。该系统的雅克比矩阵为

$$\mathbf{JE} = \begin{vmatrix} \dfrac{\mathrm{d}f\left(x\right)}{\mathrm{d}x} & \dfrac{\mathrm{d}f\left(x\right)}{\mathrm{d}y} \\ \dfrac{\mathrm{d}f\left(y\right)}{\mathrm{d}y} & \dfrac{\mathrm{d}f\left(y\right)}{\mathrm{d}y} \end{vmatrix} = \begin{vmatrix} \left(1-2x\right)\left(ykT_1 - \eta d_1\right) & x\left(1-x\right)kT_1 \\ y\left(1-y\right)\left(kT_2 - \eta d_2\right) & \left(1-2y\right)\left(xkT_2 - \eta d_2\right) \end{vmatrix} \tag{2-20}$$

第一种情况下，当 $kT_1 > \eta d_1$， $kT_2 > \eta d_2$ 时，各局部稳定点状态如表 2-8 所示。

表2-8　$kT_1 > \eta d_1$， $kT_2 > \eta d_2$ 状态下的局部稳定点分析结果

均衡点	$kT_1 > \eta d_1$， $kT_2 > \eta d_2$				
	$\det(J)$		$\mathrm{tr}(J)$		结果
$x=0$， $y=0$	$\eta d_1\ \eta d_2$	+	$-\eta d_1 - \eta d_2$	–	稳定
$x=0$， $y=1$	$\left(kT_1 - \eta d_1\right)\eta d_2$	–	$kT_1 - \eta d_1 + \eta d_2$		鞍点
$x=1$， $y=0$	$\left(kT_2 - \eta d_2\right)\eta d_1$	–	$\eta d_1 + kT_2 - \eta d_2$		鞍点
$x=1$， $y=1$	$\left(kT_1 - \eta d_1\right)\left(kT_2 - \eta d_2\right)$	+	$-\left(kT_1 - \eta d_1\right) - \left(kT_2 - \eta d_2\right)$	+	不稳定
$x = \eta d_2 / kT_2$ $y = \eta d_1 / kT_1$	$\dfrac{-\eta d_2\left(kT_1 - \eta d_1\right)\left(kT_2 - \eta d_2\right)^2 kT_1\eta d_1}{\left(kT_1\right)^2\left(kT_2\right)^2}$	–	0		鞍点

第二种情况下，当 $kT_1 < \eta d_1$， $kT_2 < \eta d_2$ 时，各个局部稳定点状态如表 2-9 所示。

表2-9　$kT_1 < \eta d_1$，$kT_2 < \eta d_2$ 状态下的局部稳定点分析结果

均衡点	$kT_1 < \eta d_1$，$kT_2 < \eta d_2$				
	$\det(J)$		$\mathrm{tr}(J)$		结果
$x=0$，$y=0$	$\eta d_1\ \eta d_2$	+	$-\eta d_1 - \eta d_2$	−	稳定
$x=0$，$y=1$	$(kT_1 - \eta d_1)\eta d_2$	+	$kT_1 - \eta d_1 + \eta d_2$	+	不稳定
$x=1$，$y=0$	$(kT_2 - \eta d_2)\eta d_1$	+	$\eta d_1 + kT_2 - \eta d_2$	+	不稳定
$x=1$，$y=1$	$(kT_1 - \eta d_1)(kT_2 - \eta d_2)$	+	$-(kT_1 - \eta d_1) - (kT_2 - \eta d_2)$	−	稳定

两种情况的创意产业组织单元缔结合作行为动态演化图，分别如图 2-2 和图 2-3 所示。

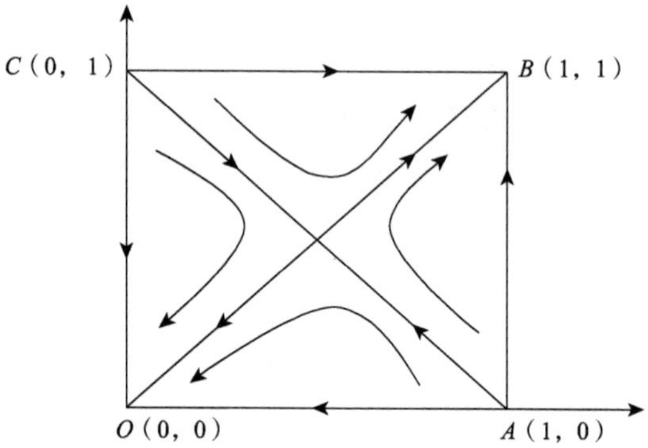

图 2-2　第一种情况的动态演化图

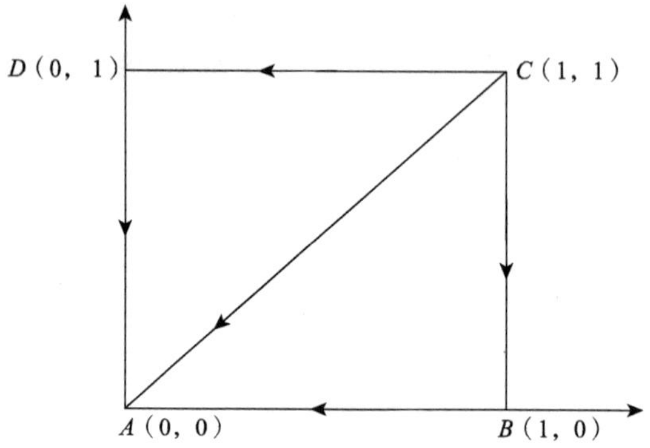

图 2-3　第二种情况的动态演化图

从第一种情况的表 2-8 和图 2-2 中，可以看出，通过 Friedman 所提出的方法，其均衡点的稳定性可以由雅克比矩阵的局部稳定性清晰准确地分析出来。在平面 $L=\{(x,y)|x\geqslant 0, y\leqslant 1\}$ 上，总共有五个平衡点，其中，稳定点 O（0，0）、B（1，

1)；不稳定的点 A（1，0）、C（0，1）及其鞍点 $D=\frac{\eta d_2}{kT_2},\frac{\eta d_1}{kT_1}$，当鞍点 D（x，y）的取值范围为 $\left(\frac{\eta d_2}{kT_2}\right)>\frac{1}{2}\frac{\eta d_1}{kT_1}$，$y=\left(\frac{\eta d_1}{kT_1}\right)$，即 $\frac{1}{2}kT_2<\eta d_2<kT_2$，$\frac{1}{2}kT_1<\eta d_1<kT_1$（表明创意产业组织单元合作双方的缔结成本超过缔结合作收益）时，假设鞍点 D 只是在 OB 上运动，可以得出 D 点趋向于 B 点，即区域 $OADC$ 面积不断增加，大于区域 $ABCD$ 的面积，此时所体现出来的缔结合作行为稳定策略为（非缔结合作，非缔结合作）。当鞍点 D（x，y）取值都小于 $\left(\frac{1}{2},\ \frac{1}{2}\right)$，即 $\frac{\eta d_2}{kT_2}<\frac{1}{2}$，$\frac{\eta d_1}{kT_1}<\frac{1}{2}$，（表明创意产业组织单元缔结合作成本小于缔结合作所获收益的一半）时，双方的缔结合作意愿强烈，并且 $ABCD$ 的区域面积大于 $OADC$ 的区域面积，进而让演化方向趋近于 B（1，1），则演化稳定策略为（缔结合作，缔结合作）。同时能使 $OADC$ 和 $ABCD$ 区域面积相等的鞍点 D（x，y）也处于坐标 $\left(\frac{1}{2},\ \frac{1}{2}\right)$ 处。经过上述演化博弈模型的构建、分析及通过对复制动态相位图的观察，创意产业组织单元缔结合作和非缔结合作可以朝着两个方向进行演化，既可以采取缔结合作策略，也可以采取非缔结合作策略，这两种策略都是稳定的。

从第二种情况的表 2-9 和图 2-3 中，可以看出，当 $kT_1<\eta d_1$，$kT_2<\eta d_2$ 时，平面 $L=\{(x,y)|x\geqslant 0,y\leqslant 1\}$ 上只存在着 4 个平衡点，分别为稳定点 C（1，1）、不稳定点 A（0，0），以及鞍点 B（1，0）和 D（0，1），且当缔结合作成本高于缔结合作收益时，演化方向将趋近 O（0，0），演化稳定策略为（不缔结合作，不缔结合作）。

三、基于参数的创意产业组织单元集群式缔结分析

在创意产业组织单元集群式缔结相关系数影响下，创意产业集群中的创意产业组织单元与其他创意产业组织单元是否能够实现集群缔结合作，在一定程度上取决于缔结合作的支付成本、资源吸收能力、收益增量、风险系数。

1. 缔结合作的支付成本参数

创意产业组织单元 1 和 2 在联合进行缔结策略过程中，所付出的支付成本参数为 d_1 和 d_2。其中，这笔支付成本包含了自身核心创意知识、技术能力创新和各项交易成本费用等损失。创意产业组织单元间建立缔结合作过程中所支付的成本与缔结合作困难成正比，支付成本降低则合作困难将降低，合作概率也会增大，反之，合作概率将会减小。创意产业组织单元间缔结合作的支付成本取决于集群

地区的公共服务平台建设和较完善的市场体系。在缔结合作的过程当中，创意产业组织单元也会难以避免地造成自身知识产权和技术的损失，从而加重支付成本的预算。所以应重点加强市场制度建设，实现对组织单元缔结发展的长期保护和监督，并进一步维护好缔结合作关系的稳定。

2. 缔结合作的资源吸收能力参数

知识、信息和技术是创意产业组织单元缔结合作必不可缺的资源，创意组织单元只有通过彼此间的缔结合作，才能有效地进行知识流动、信息传递和技术支持，从而达到获得共同开发资源，共同使用资源的目的。参数 K 则表现为创意产业组织单元对这些可利用资源的有效吸收和利用程度。同时创意产业集群的快速发展对人才提出了三个方面的要求：一是较强的理解能力，二是对新事物的接受能力，三是资源的整合能力。当创意产业组织单元的人才拥有这些基本的素质能力后，能够整合好接受的新资源，将其作为自身发展重要的创新源，从而有利于自身开展技术创新行为。

3. 缔结合作的收益增量参数

T_1 和 T_2 分别代表了创意产业组织单元 1 和 2 在一同进行“缔结合作”策略过程中，各自所收获的额外收益，也可以称为收益增量。当缔结合作所带来的收益越多时，则会吸引越多的组织单元选择集群式的缔结合作。由此可见，T 值的大小取决于缔结合作双方是否采取缔结合作策略的主要影响因素。

4. 集群缔结合作的风险系数参数

参数 η 是指创意产业组织单元集群式缔结合作过程中所面临的市场风险程度。对缔结合作伙伴对象的选择重点侧重于对合作对方的规模、研发、生产、资源配置和技术创新能力等方面的考量，若对其不够了解，仅仅依靠为数不多的交往和间接途径来进行实力评估，则难以掌握对方的真实信息，虽然创意产业集群内部避免了信息的不对称性，但双方在合作过程中知识互补、技术共享、资源分配等方面难免会产生矛盾和分歧，从而产生非缔结合作的风险，这就要求集群在创意产业组织单元缔结合作过程中建立一系列的有利措施，降低缔结合作的风险，确保双方所获利益均衡。

第三章　基于知识互补的创意产业集群衍生机制的形成与建立

第一节　基于知识互补的创意产业集群衍生形成过程

创意产业集群衍生是指由非集群化的形态的产业组织形式通过某些途径转化为稳定的集群形态的产业组织形式，这些转化途径便是产业集群的衍生过程，也可以简单地理解为是对集群成长过程的描述，表现为创意产业集群由不成熟走向成熟阶段。集群在发展过程中要想获得长期稳定的竞争优势，必须通过集群式缔结，获得互补性知识，不断产生新的创意，生产出更多的创意产品，促进创意产业集群的衍生。由于集群的衍生与产品和企业都具有产生、发展、稳定的生命周期过程，自身也具有成长周期性，因此，基于生命周期的视角将创意产业集群的衍生过程分为三个阶段：集群的单元集聚阶段、集群的单元成长阶段、集群的单元稳定阶段，如图 3-1 所示。

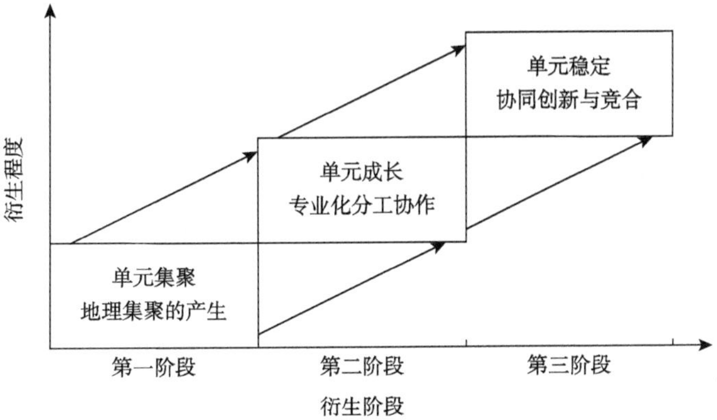

图 3-1　创意产业集群衍生的三个阶段

1. 集群组织单元集聚阶段

随着创意产业的不断发展，以创意为主体的相关联的组织单元、专业化的供应商、服务供应商、相关产业的厂商和相关机构，基于实现规模经济、降低交易成本、提高竞争优势、增加知识溢出等影响组织自身快速发展的不稳定因素，形成了一个特定区域和地理上的产业集群区。

2. 集群组织单元成长阶段

创意产业组织单元在选择合适的合作伙伴后，希望相互间可以通过不断的合作网络建设和专业化分工来解决自身在发展过程中所遇到的瓶颈，提高竞争实力。集群伙伴要想使合作带来更多的收益，必须具有较强的合作意愿，所以，此时的阶段应该是集群的合作高峰期。

3. 集群组织单元稳定阶段

当创意产业集群衍生发展到了一定的阶段时，合作的关系也趋于初步稳定，为了集群长远稳定合作的考虑，单一化的知识互补性合作已经无法满足集群衍生发展的需要，必须引导和推动创意产业组织单元间的不断创新，促使创意产业组织单元间进行合作与竞争，使创意产业集群持续稳定地衍生发展下去。

第二节　基于知识互补的创意产业集群衍生机制建立的基础

一、设置一致的衍生目标

集群衍生知识互补预期收益系数与创意产业集群内的创意产业组织单元选择知识互补策略具有直接的联系。从集群知识互补的预期收益与知识互补的可能性之间的关系得出，集群中创意产业组织单元分别具有不同的预期收益目标，科研机构和高校的目标在于培养大批的创意人才，从事基础性的研究，增加创意知识的存量；而创意产业组织单元要想在创意产业中确立自己的市场地位，获得竞争优势和较大收益，需要提高自身的技术创新水平和创新能力。因此，建立集群创新的目标成为创意产业组织单元的必然选择，并且集群创意产业组织单元知识互补的可能性也大大增加。

由于创意产业技术创新在于突破性技术创新，集群中知识互补的关联性、经济性使集群内的知识、信息的互补成为可能。创意产业组织单元采取积极性行动，开始挖掘共性技术，依赖于集群知识互补主体对知识互补的产业性的认识。因此，基于集群中创意产业组织单元间的共同技术创新需求，可以在创意产业集群中建立一个一致的集群目标，激发创意产业组织单元间合作创新的主动性和积极性，从而奠定集群衍生的目标基础。

二、建立有效的交换平台

在创意产业集群中，加强创意产业组织单元、科研机构、大学之间的合作与交流，能够在交互的学习过程当中提升集群自身的整体创新能力和水平。政府通过制定合理的政策和制度，对创意产业集群的发展起到一定的政策导向和支撑的作用，推进了以创意产业组织单元为核心的生产、学习、研发的合作创新体系的构建，激发了创意产业组织单元与科研机构、大学进行密切合作的意愿。例如，高校专门成立了创意产业学院，开设了具有创意特点的创意艺术类课程；建立创意产业组织单元与科研机构及大学共同申请的项目或课题；鼓励创意产业组织单元与高校科研部门建立长期合作的战略关系；增加与国外创意机构的学术交流与合作；等等。创意产业组织单元间利用产、学、研之间的密切交流配合，搭建对各方都有益的知识交换平台，有利于集群内外、集群内各创意产业组织单元及组织机构之间的信息沟通，促进集群衍生的形成。

三、创建互补的集群衍生环境

创意产业集群所处的环境氛围是创意产生的资源与平台，为创意产品的生产注入了带有环境色彩的创意，从而使创意产品具有创新性、独特性、差异性，使创意产业组织单元获得其他组织单元难以模仿的竞争优势。由于创意产业集群是一种知识和技术密集型的产业集群，所以集群的衍生形成与发展需要大量的资金、高素质的创意知识人才、先进的技术配套设施及完善的市场制度等资源。知识互补的集群衍生环境建设是一个涉及政府、高校、科研机构、企业等方方面面的系统工程，其中政府在创意产业集群衍生形成与建立的过程中，起到引导、监督和保护的作用，要构建好基础设施环境、制度环境、人文环境，同时提供必要的信贷支持和优惠政策，激发集群内创意产业组织单元的创新能力，鼓励创意产业组织单元的再创新和新技术开发；高校应加大对创意人才的教育和培训，建立一个集群衍生发展所需的人力资源体系，使其产生大量的创意知识，通过创意产业集群对这些互补性创意知识的吸收和有效利用，促进集群内创意产业组织单元对知识的获取、共享、传播与运用，加快创意产业集群的衍生进度；科研机构应与创意产业组织单元合作起来，通过资金的大力支持，研发出具有创新性、独特性的创新产品，增加创意产业组织单元的收益。因此，在充分考虑创意产业集群内部环境（资金状况、技术支持、风险偏好）优越性的条件下，构建良好的创意产业集群外部环境将吸引越来越多的创意产业组织单元进入集群内部，促进集群的进一步衍生发展。

第三节 衍生机制建立的条件分析

一、加强创意产业组织单元间的知识流动

随着创意产业市场竞争的不断加剧，创意产业组织单元仅仅依靠自身的创意知识存量是难以实现对创意产品的技术性研发、生产和营销的，只有加强创意产业组织单元间的流动才能丰富自身的创意知识存量，再将知识运用于创新产品的研发和先进技术的开发中，促使创意产业组织单元获得增值知识，同时也获得更高的经济收益。集群中的创意产业组织单元通过彼此间的合作所建立的信任关系也是知识流动的重要影响因素之一，创意产业组织单元在信任合作对方的基础上，不仅能提升知识的转移速度和转化能力，还能增强自身的知识传播、表达、理解和运用能力，降低知识成本，进而获取更多的知识流动收益。所以，要想使创意产业组织单元间的知识流动得更加舒畅、流动的速度更快、知识的吸收和运用能力更强，就需要双方建立一个长期稳定的信任机制，保障创意知识的实际价值。

二、提高创意产业组织单元知识的创新能力

创意产业集群内部的创意产业组织单元需与大学和科研机构搭建知识和技术服务平台，同技术创新人才建立入股和委托开发的合作方式，从中获得对自身发展有用的知识和创新技术，进而使实际研发和生产创意产品的自主创新能力和技术创新水平上一个较大的台阶，为创意产业集群的衍生奠定良好的知识和技术基础，充分发挥集群内部的知识溢出效应，加强创意产业组织单元间的知识互补关系，推动创意产业集群的成功衍生。

三、增强创意产业组织单元间的合作信任度

创意产业组织单元间的创新合作与其他的非正式的知识互补关系，已经形成了最直接、最重要的形式。因此，创意产业组织单元间要想持续地合作下去，信任是维护双方合作的关键要素。没有创意产业组织单元领导人和创意产业组织单元间的相互信任，任何形式的合同和契约都是无效的，根本达不到合作的预期目标。信任的载体是隐性知识的溢出，而创意产业组织单元间流动的知识大部分是互补性知识，满足了创意产业集群衍生形成的需求。创意产业集群内部的创意产业组织单元间由

于地理位置上的临近和领导者之间的密切联系，彼此的缄默知识是不流动的，降低了合作成本和外在风险，也减少了机会主义倾向。集群内部的知识流动的主要途径是创意产业组织单元间的合作，包含创新产品的研发、生产、销售，有形或无形的资源共享和专业化，等等。正是基于这种信任关系，集群内部的创意产业组织单元间建立创意组织联盟，有利于创意知识的流动和创意人才的流动。

第四节　基于知识互补的创意产业集群衍生机制的架构

从系统的观点来看，机制是指有机体的构造、功能和相互关系，泛指一个工作系统的组织或部分之间相互作用的过程和方式。根据机制理论，创意产业集群的知识互补是通过附加、序列、复杂三种不同类型的互补性知识，沿着时间和空间的知识互补方式来组织对集群缔结有价值的知识，即所谓的互补知识源。为了得到这种知识，创意产业组织单元更倾向于知识互补，在竞争中合作，在合作中竞争，通过集群内的合作网络、专业化的分工实现创意产业组织单元间互补性知识的积累、扩散、转让与应用，形成创意产业组织单元集群式的缔结，如图 3-2 所示。

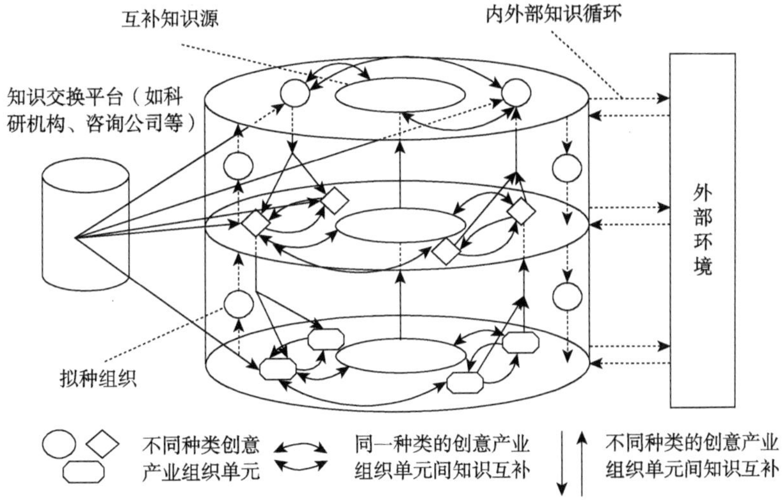

图 3-2　知识互补的创意产业集群衍生机制架构

集群式的缔结是集群衍生的一个重要阶段，同时缔结促进着衍生的进一步发展演化。在知识互补的创意产业集群衍生过程中，创意产业组织单元间的知识互补是集群式缔结衍生的主要因素。集群中的创意产业组织单元要经过多次的交流与合作，才能建立友好信任关系，在此基础上，创意产业组织单元逐步由最初的单元缔结阶段发展到集聚稳定阶段。在此过程中，集群的创新目标、学习平台、衍生环境等也是影响衍生机制建立基础因素。通过加强创意产业组织单元间的知识流动、知识的创新能力、合作的信任度等手段，满足衍生机制建立所需的必要性条件，由此，创意产业集群衍生机制得以建立。

第四章　实例分析

动漫产业作为创意产业的重要组成部分，被誉为 21 世纪最具潜力的朝阳产业，已经得到各国的广泛关注，正以蓬勃的势头迅猛发展。在“十二五”规划中，我国的动漫产业发展上升为国家战略，在创意产业发展序列中处于优先地位。

第一节　哈尔滨市动漫产业集群现状及集群式发展

从我国的动漫产业集群发展来看，各地的动漫产业发展迅猛，最具有代表性的是北京、上海、广州、深圳等城市。这些地区拥有优越的地理区域优势、丰富的创意产业资源、较先进的技术研发生产水平，并且汇聚了大批的优秀创意和创新人才，为动漫产业集群的衍生发展创建了优质环境。通过政府主导和园区建设的不断完善，推动创意产业集群的不断发展。截至目前，动漫产业在全国范围内已经初步形成了以环渤海地区、长三角地区、珠三角地区为核心的集群发展总体空间格局。

一、哈尔滨市动漫产业发展现状

作为东北老工业基地的哈尔滨市，依托历史、地理、文化、人才等资源优势，动漫产业集群正处于快速建设发展阶段，初步形成了具有当地文化特色的动漫产业体系。哈尔滨市动漫产业集群（平房动漫产业基地）成立于 2006 年 10 月，位于哈尔滨市平房区，基地规划占地面积 3 平方千米。它是由中共黑龙江省委宣传部、黑龙江省文化厅、黑龙江省新闻出版局和黑龙江省广播电影电视局 4 家单位联合授牌的动漫产业基地。2010 年，基地共计完成动画片约 8 000 分钟，创造了 50 亿元的销售份额，制作完成了中国首部经典再现立体动画电影《渔童》；发行了全国首张原创儿童动漫歌曲专辑《红领巾的世界》；研制出国内首部裸视立体手机；策划编写了“十二五”全国高校动漫游戏专业高等教育规划教材。2013 年，基地企业投资 3 500 万元打造“龙江”首部 3D 动画电影《008 倒霉熊》。2014 年，哈尔滨动漫产业集群成立 8 周年。经过这 8 年的发展，动漫产业集群的内部企业从最初的 8 家发展到 320 多家，企业规模也由最初的小微企业变成了如今的规模化运营，动漫作品、衍生产品更是花样繁多，产业发展初具规模。如今，动漫产业从业人员达到 6 000 余人，年生产动画能力超过 3.5 万分钟。推动动漫产业的发展，对提升哈尔滨市乃至全国的文化创意产业发展水平，优化产业结构，促进经济转型发展具有不可低估的作用。

二、知识互补的哈尔滨市动漫产业集群式发展

动漫产业是知识经济时代的一项核心产业，也是传统文化产业和现代化高科技产业的结合体。虽然哈尔滨市动漫产业比全国其他省市起步较晚，但近几年来，发展迅速，创意产品推陈出新，满足了广大人民观众对动漫产品的诉求，丰富了群众的精神文化生活，文化核心竞争力水平不断提升。从知识互补效果来看，动漫产业组织单元间的知识溢出和集群发展主要是以动漫产业基地为载体，实现动漫产业的地理集聚。由于地理位置的邻近性、知识与文化的临近和集聚对动漫企业的知识流动、信息获取、学习和创新至关重要，同一地理位置的动漫产业组织单元只有在设置一致的集群衍生目标、建立有效的知识交换平台和创建知识互补的集群衍生环境等因素的前提下，才能够促进动漫产业集群的快速发展。

动漫产业最突出的特征是知识的密集性。各种文化在政府政策的推动下得到融合，知识、信息互相交流，各种创意设计得以推动，能够形成合作竞争和互利共生的良好态势。在哈尔滨市动漫产业集群发展过程中，人力资源是哈尔滨市动漫产业集群发展的最为重要的因素之一，人力资源具有开放性、流动性、思维丰富性和多样性的特征。因此，文化具有多元性。不同文化间的碰撞和交流使动漫创意得以实现，这也为哈尔滨市动漫产业集群的发展带来了动力和活力。动漫产业组织单元与地方大学的紧密合作，能够快速和及时解决当地动漫产业组织单元人才短缺的问题。目前，平房动漫产业基地分别和中央美术学院、香港理工大学、东北农业大学艺术学院、哈尔滨理工大学国际文化教育学院、吉林动画学院、哈尔滨师范大学、黑龙江大学艺术学院、哈尔滨职业技术学院、哈尔滨华夏计算机职业技术学院、东北师范大学软件学院，以及韩国游戏产业振兴院等 20 余家高校建立了合作关系。高校在提供人才保障的同时，也可以促进人才的引进、培训、开发及集群效应的产生，实现创意产业组织单元之间、创意产业组织单元与高校双赢的局面。

哈尔滨市动漫产业集群的建设和发展是一个长期而复杂的过程，加强动漫产业组织单元间的知识互补、信息沟通和交流，增进彼此间的信任与理解，建立有效的知识交换平台，提高彼此间合作意识，有利于推动动漫产业集群创造知识、

传递知识、扩散知识和应用知识，促进集群的衍生。随着哈尔滨市动漫产业政策的逐步实施，哈尔滨市加大了对动漫产业集群的建设，8 年里，该基地已先后被命名为“国家文化产业示范基地”、“国家火炬计划新媒体特色产业基地”、“国家动漫产业基地”、“国家影视网络动漫实验园”及“国家现代服务业产业化基地”。特别是 2012 年 5 月，该基地被中共中央宣传部、科学技术部、文化部、国家广电总局、国家新闻出版总署五部门共同认定为“国家级文化和科技融合示范基地”，成为全国首批获评该称号的 16 家基地之一。截至目前，平房动漫产业基地已形成了以数字内容制作和传播为龙头，集动漫原创、生产制作、出版发行、外包加工和衍生产品研发、生产、销售等于一体的完整动漫产业链条，业务涉及动漫原创、后期制作、衍生产品的开发与制作、电子商务、移动通信增值服务等诸多领域。动漫产业集群在哈尔滨市地方经济中展露出了较强竞争力，极大地推动了哈尔滨市动漫产业集群的衍生发展，为哈尔滨市的经济发展做出了巨大贡献。

第二节　知识互补的动漫产业集群衍生机制建立

在哈尔滨市动漫产业集群衍生机制中，新洋科技有限公司、哈尔滨完美动力动画艺术有限公司、智慧动画艺术设计有限责任公司是动漫产业组织单元的典型代表；哈尔滨师范大学、黑龙江大学艺术学院、哈尔滨理工大学国际文化教育学院等为动漫产业集群的知识技能和人才储备提供保障；黑龙江省科学技术厅、黑龙江省文化厅和黑龙江省广播电影电视局等监管机构和中介服务机构为动漫产业集群提供政策扶持和技术服务。哈尔滨市动漫产业集群在建立之初，由于集群发展时间较短，存在着因动漫基地的产业组织单元集聚而产生的集群不足、有效性创新知识资源短缺、集群内部专业性人才匮乏等问题，为了解决这一系列问题，迫切需要通过建立知识互补的集群衍生机制来实现动漫产业组织单元间的密切合作，促进集群的衍生。

动漫产业集群建立之初，集群内部的动漫产业组织单元就设置了发展一致的集群衍生目标，致力于推动动漫产业集群的快速发展。在集群发展过程中，集群内部动漫产业组织单元积极随省、市政府赴日本、韩国、中国香港等国家或地区进行动漫学习考察。2007 年，在日本大使馆首次举办的对接洽谈会上，中国黑龙江新洋科技有限公司与日本企业合作，从事游戏背景、建模和动画部分等生产制作。同时集群内部通过定期举办会展、动漫产品展销、动漫节庆、动漫峰会等形式加强动漫产业组织单元的交流和沟通。在知识共享平台方面，已建成黑龙江新媒体动漫公共技术服务平台，制定知识互补的知识产权保护制度，并加强动漫产业组织单元间的相互合作，集聚集群内外可利用资源，加强知识互补。同时集群内建立完善的合作共赢分配机制。政府作为监管机构的主体，需要创建知识互补的集群衍生环境，增强企业间的相互信任关系，加强动漫产业组织单元间的知识流动，促进新产品的衍生。同时也要加大对动漫产业组织单元的投融资力度，为其提供公共服务和公共产品，在核心技术研发、产品创新、相关产业的协同合作等方面给予扶持、引导、监督和保障。目前，哈尔滨市动漫产业集群已经进入一个新的发展阶段，知识互补的动漫产业集群也在不断地衍生形成和发展（图 4-1）。

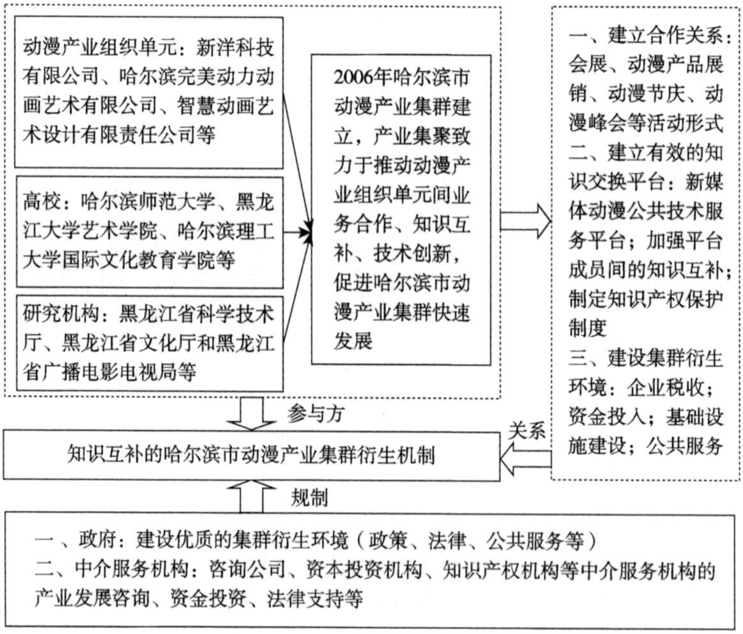

图 4-1 知识互补的哈尔滨市动漫产业集群衍生机制的架构

第三节 促进创意产业集群衍生的策略

一、推进集群衍生环境建设

创意产业集群虽然是在市场机制的作用下自发形成的，但在引导创意产业集群衍生的有序发展，创造有利于产业衍生的良好外部环境，以及防止产业集群衍生能力退化甚至走向衰退等方面，政府所体现出的功能都是十分重要的。市场是创意产业发展的主体，是决定创意产业发展成与败的决定性因素，政府必须遵循以市场导向为原则，综合运用行政和经济手段来规范市场竞争环境。

在创意产业集群的衍生过程中，政府为创意产业集群的发展提供了平台。作为创意产业集群衍生的推动力量，政府应做好统筹规划，在税收、融资政策方面给予扶持，增加创意产业组织单元对该集群的信任性，使其加入创意产业集群，形成新的产业聚集，以至形成新的创意产业集群。同时，政府首先要发现具有发展前景的创意产业集群，提供好的基础设施和公共服务，如公共空间、城市交通、研发机构、金融和教育等，引导创意组织单元在集群衍生中积极发挥作用，指导和控制创意产业集群发展的周边资源要素，建立比较完善的知识产权保护体系，以此来吸引更多的组织单元加入创意产业集群。同时，政府在处理创意产业组织单元间的关系时，应协调好双方的利益关系，形成联合竞争力，避免引发相互间的恶性竞争，导致双方均受到损失，促进创意产业集群健康、稳定、长远发展，促进创意产业集群衍生的形成。

二、加大创意知识平台建设

创意产业知识平台可以称为创意产业中介机构，它是构成创意产业集群的重要组成部分，在集群内部起到黏合剂的作用。创意产业服务平台包括创意社区、教育学习平台、交流展示平台、商业运作平台等，通过加大扶持创意孵化、交流展示、融资信贷、技术信息服务力度，建立起与创意产业集群体系相配套的创意服务平台，为中小创意产业组织单元提供技术服务，通过交流展示平台为其产品走向市场提供机会。同时创意孵化平台也为小创意产业组织单元依托融资信贷平台提供各项资金服务，使其具有更广阔的融资渠道，形成的创意产业链条有益于创意人才的补充、资金的积累，使其具有很好的资源整合能力，推动创意产业组织单元间的知识流动，从而激发新的创意理念和创新点。目前，北京、上海、深圳等地已经建立了相应的集群创新服务平台。为了使集群公共服务平台更好地为创意产业集群的衍生发展提供服务，各地区必须加大建设创意园区和公共服务平台建设，实际考察好本地区的产业特征，负责好创意产业集群的发展战略、地理位置的规划，引导可利用资源配置，并在集群发展过程中，对创意产业组织单元间产生的矛盾、纠纷等问题给予指导、协调和解决，提供系统的配套服务，推动创意产业集群的快速发展。

三、促进创意产业组织单元知识互补

为了促进创意产业组织单元间的知识互补，创意产业集群内部首先要形成有效的知识交流机制，建立组织展览、创意组织协会等正式或非正式的团体，加快创意产业集群内部的知识流动和知识共享。同时，创意产业集群发挥集群内部媒体的作用，经常地开展论坛、研讨会、展览会、节庆、推介会、产业博览会等多种形式的交流活动，形成知识和创新的创意氛围，鼓励创意人才之间的互动和交流，通过人才的流动带来的新思想、新创意、新技能，使创意产业组织单元间的知识基础更新和增强，尽快适应外部市场和技术的不确定性。外部劳动力人员的流入，为创意产业组织单元原有的知识的重新组织和融合提供了可能，促进了创意产业组织单元间的知识扩散。同时，创意产业组织单元为了避免稀缺性的知识资源意外流失，应重视知识产权的保护和人力资源的管理。总之，增进创意产业组织单元间的知识互补，能够引出新创意，提高创意产业组织单元的管理水平，促进集群衍生。

四、注重知识产权保护

知识产权是创意产业的灵魂，注重知识产权的保护是创意产业健康发展的有力保证。虽然目前我国的知识产权立法还不够完善，但创意产业组织单元应该具有自我知识产权的保护意识。实施对知识产权的保护不只依靠政府手段，还需要每个创意产业组织单元都承担起保护的责任。上下游产业组织单元间应加强相互间的通力合作，严厉打击侵权和盗版等现象，同时要重点保护原创作品人的切身利益。许多的原创思想、理念、设计一旦被投资者掌握以后，他们甚至会采用非常特殊的手段迫使原创人员离开原先团队，使创作人员的工作、生活、学习受到影响，这对整体的创意产业也是一种损失。因此，这就需要政府机构去营造一个良好的集群发展环境，专门成立一个关于知识产权保护的社会组织机构。

第二篇　创意产业集群衍生路径研究

在当今社会，创意产业在世界各地如火如荼地迅速发展，其影响力已经触及各国或地区的产业、经济、城市功能及消费水平。集群化模式是在规模经济和知识溢出等效应中衍生而来的，它对社会转型、文化传承和城市改造具有积极意义，并能调整产业机构，转变区域经济的增长方式，实现区域经济的可持续发展。创意产业集群的发展必将经历一个衍生的过程，集群的衍生能力是集群的活力所在和成熟标志。目前，国内外学者对创意产业集群已有关注，并取得了丰硕的研究成果，但是研究重点只停留在文化能推动创意产业集群发展和创意产业集群发展能促使创意的萌生等表面和理论层面。所以从定量分析入手，对创意产业集群衍生路径的深入分析，无论是对创意产业集群的理论充实还是对现实的指导都有一定的意义。

第五章　创意产业衍生机理分析

本章分析创意产业集群的衍生条件、发展的影响因素及衍生动力，并应用超循环理论分析创意产业集群的集群化过程，这为以后进行创意产业集群的衍生方式和发展过程研究奠定了坚实的基础。

第一节　创意产业衍生条件

对于创意产业集群的衍生，不同的学者有不同的观点。目前，还没有对创意产业集群衍生条件的系统论述。结合以往学者的研究成果，下面利用自组织理论从外部条件和内部条件两个方面分析研究创意产业集群的衍生条件。

一、基于耗散结构理论的外部条件分析

耗散结构理论是比利时物理化学家普里高津（I. Prigogine）于 1969 年提出的，主要设计了系统的非平衡不可逆过程，研究系统在开放且远离平衡的情况下如何从无序达到有序。他认为远离平衡态的开放系统不断地与外界进行着物质、信息和能量的交换，如果有外界条件的作用，系统就会进行从无序到有序、从低级有序到高级有序的状态演化，而开放系统只有不断地与外界交换物质或能量才能保持系统的正常运行，所以此体系结构被称为“耗散结构”。系统要想自发地形成耗散结构，必须满足四个条件。

（1）系统必须是开放系统。只有充分开放，才能跟外部环境进行物质、信息和能量交换。

（2）系统必须远离平衡态。混乱无序的平衡态被认为是整个内宇宙演化的总趋势，在不受外界条件影响的情况下，系统内各部分在宏观上长时间都不会发生变化。所以，处于平衡态或者近平衡态的系统都不会发生任何不同稳定态之间的转换，不可能发生演化，也就不会自发地向有序发展。

（3）系统内不同元素之间的非线性相互作用。只有系统内各元素之间的关系是非线性的，不存在一一对应的关系，才能使在平衡系统角度的破坏因素因系统正反馈机制作用成为系统的关键因素，耗散结构才能出现。

（4）涨落。在系统与外部环境作用不协调的时候，外界就会对系统的局部有扰动作用，也就是系统会在偏离宏观平均状态上出现偏差或者起伏。涨落会破坏系统的稳定性，使其偏离平衡态，这是系统演化的原始动力和必要途径。没有涨落，系统就不会发生演化发展。

针对创意产业集群，产业集群所处的环境是一切与之相关的其他因素的集合，包括政治、社会、文化、市场、技术和资源等，创意产业集群必须从环境中获取其所需的物质、信息和能量以保证其正常的生存。由于创意产业集群中的企业对市场信息、市场机会和竞争等信息比较敏感，反应比较迅速，所以创意产业集群的各种平衡态都处于动荡之中，只要新的创意或者技术出现就会打破原有的平衡，建立新的集群结构，达到新的发展高潮。创意产业集群中的各企业都是经过专业化分工的，是相互作用不可累加的，所以存在着非线性关系。就创意产业集群而言，各企业的显性知识和隐性知识不断地在群内不同企业之间溢出，当这种溢出不影响整个集群的稳定时，只表现为一种起伏，称为微涨落，这种现象在创意产业集群发展过程中频繁发生，没有停止过。如果在一定条件下，集群发展现状不再满足知识溢出范围，更多知识需要新的溢出范围和创意发展空间时，集群就会处于高度的不稳定状态，这样的状态一旦达到临界值，就会使原有集群出现裂变，产生新的集群，表现为巨涨落。由于巨涨落是微涨落在一定条件下的结果，所以，实际上知识溢出决定了创意产业集群的衍生能力和发展方向。

二、基于协同学理论的内部条件分析

协同学理论是德国物理学家哈肯（H. Haken）教授在汲取耗散结构理论精华的基础上于 1973 年首次提出的。它研究的对象是远离平衡态的开放系统，研究在保证与外部环境之间存在物质或能量交换的情况下，系统能自发产生一定的有序结构或者功能行为的规律。作为一种可以广泛应用的现代横断学科，协同学既研究系统从无序到有序的演化规律，又研究系统从有序到混乱的演化规律，首次真正地把有序与无序统一起来。一个由大量子系统通过复杂的相互作用所构成的复合系统能在一定条件下呈现出非平衡的有序结构，它是子系统之间通过非线性作用而产生的协同现象和相干效应，并且通过这种作用产生了结构和功能上的有序。序参数是表征全局序变化的适宜宏观变量，系统无序时的序参数为零，当系统达到临界点时序参数会迅速增大，从而形成一个有序结构。协同学理论强调在复杂的大系统内，各子系统的协同行为所产生的作用要超越各要素自身的单独作用，从而形成整个系统的联合作用和集体行为，也就是“协同导致有序”。

对创意产业集群而言，最简单的组合是只有核心企业和集群合作伙伴两个子系统。我们假设其中一个子系统的主导参量为q_1，另一个子系统的主导参量为q_2。这两个参量随着时间变化所产生的变化率同作用力成正比，根据协同学的相关理论，可以得到动力学方程（5-1）和方程（5-2）。

$$\frac{\mathrm{d}q_1}{\mathrm{d}t}=-r_1q_1+f_1(t) \tag{5-1}$$

$$\frac{\mathrm{d}q_2}{\mathrm{d}t}=-r_2q_2+f_2(t) \tag{5-2}$$

其中，$-r_1q_1$、$-r_2q_2$为阻碍子系统演化的回弹力；$f_1(t)$、$f_2(t)$为系统各自反馈机制所产生的矫正力。

在有讨论价值的情况下，$f_1(t)$和$f_2(t)$中至少有一个会对子系统的参量产生非线性作用。因此，我们假定$f_1(t)$是非线性的，并且$f_1(t)=a_1q_1q_2^2$，$f_2(t)=a_2q_1$。于是，创意产业集群中核心企业和集群合作伙伴之间的动力学方程组为

$$\frac{\mathrm{d}q_1}{\mathrm{d}t}=-r_1q_1+a_1q_1q_2^2 \tag{5-3}$$

$$\frac{\mathrm{d}q_2}{\mathrm{d}t}=-r_2q_2+a_2q_1 \tag{5-4}$$

当$r_2>|r_1|$时，我们采用绝热消元法求出系统的序参量方程。令$\frac{\mathrm{d}q_2}{\mathrm{d}t}=0$，解方程（5-4）得$q_2=\frac{a_2}{r_2}q_1$，将其代入式（5-3）得系统的序参量方程为

$$\frac{\mathrm{d}q_1}{\mathrm{d}t}=-r_1q_1+\frac{a_1a_2^2}{r_2^2}q_1^3 \tag{5-5}$$

在创意产业集群的衍生过程中，q_1决定了集群的有序程度，但是它不是一个独立参量，要受到q_2的影响，所以集群的衍生仍然是受这种合作关系影响的，表现出宏观或者整体上一定的有序结构和涌现性，集群就此生成。

第二节 创意产业衍生的影响因素

创意产业集群的衍生是有一定条件的，它是有选择性的，并不是在任何时间任何空间就能形成创意产业集群的。有经济地理学家认为，产业区位与消费市场、

供给市场及要素市场有关，只有在这三者都比较接近的地方才有可能产生产业集群。所以，产业区位取决于这三者之间的相互关系。也就是说产业集群的形成会受到需求、劳动力、资本、信息及相关产业的关联性等要素的影响。战略管理学家 Porter 认为，需求条件、要素条件、相关及支持产业、企业战略、结构和竞争是产业集群形成的五个基本要素，但他同时又强调机会和地方政府战略这两个辅助要素的影响。因此，结合创意产业的特点和规律，利用斜坡球体定律对影响创意产业集群衍生的因素进行分析。

一、斜坡球体定律

斜坡球体定律是海尔公司通过多年的企业管理实践总结出来的关于企业发展的力学模型。其含义主要是：企业在市场中的位置，就像斜坡上的球体，受到各个不同方向的力，如图 5-1 所示。要想企业能够很好地向上发展，就必须给它一个沿斜坡向上的牵引力，如果牵引力不足或者没有牵引力，那么球体就会下滑，企业在市场中的地位同样也会下降。

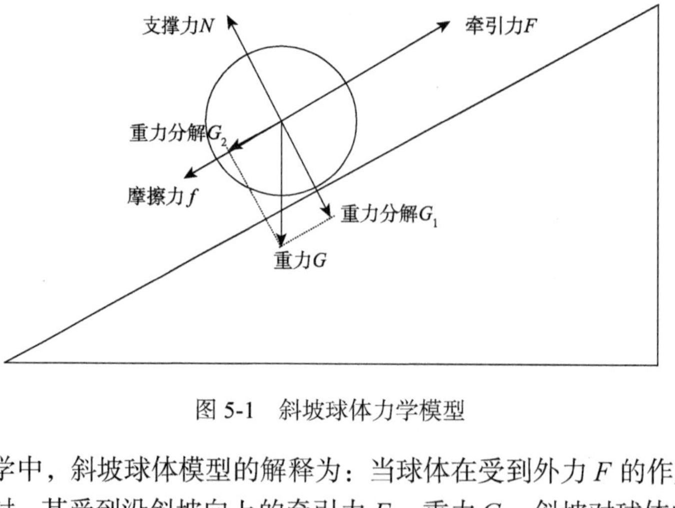

图 5-1　斜坡球体力学模型

在物理学中，斜坡球体模型的解释为：当球体在受到外力 F 的作用下沿着斜坡向上运动时，其受到沿斜坡向上的牵引力 F 、重力 G 、斜坡对球体的支撑力 N 及向上运动时斜坡对球体的摩擦力 f 的作用。将重力 G 进行分解，分解为垂直于斜坡的分力 G_1 和沿斜坡向下的分力 G_2 ，则 G_1 与支撑力 N 是一对作用力与反作用力，其大小相等方向相反。那么，当牵引力 $F = G_2 + f$ 时，球体静止，这时 f 为静摩擦力，其大小为 $F - G_2$ 且其小于或等于 μN ，其中 μ 为摩擦系数；若 $F < G_2 - f$ ，则球体会沿斜坡下滑，且 f 为沿斜面向上的动摩擦力，大小为 μN ；只有当 $F \geqslant G_2 + f$ 时，球体才会沿斜坡向上运动，此时 f 为动摩擦力，其大小为 μN 。

二、系统动力学的特点

在斜坡球体模型中，对球体产生影响的主要有三个力：牵引力F、支撑力N和重力G。分析创意产业集群衍生路径的时候，从另一角度，也就是用另外三个力来描述创意产业集群的衍生发展，主要包括牵引力、推动力和内驱力。

牵引力是拉动创意产业集群衍生的影响因素，它们的发展能带动创意产业集群的衍生，是创意产业集群衍生的充分条件。在创意产业集群衍生过程中，政府的支持是关键因素。首先，政府的支持对创意产业集群的衍生甚至对创意产业的存在都具有决定性作用，只有政府为创意产业集群提供良好的发展空间和氛围，才能牵引着创意产业集群向上发展。这主要包括政府的招商优惠政策、城市基础设施的建设及对知识产权的保护等。市场竞争的激烈程度对创意产业集群衍生的影响是企业作为盈利组织，盈利是其根本目标，如果市场竞争过于激烈，企业取得的利润减少，那么这些盈利组织就会想要通过集群的规模经济降低成本，寻求更多利润。然而，牵引力还是要以推动力为支撑，如果推动力不够，就算牵引力再大，创意产业集群衍生的速度也是相当缓慢的。

推动力是在创意产业集群衍生过程中具有推动作用的力，它们的发展不一定引起创意产业集群的衍生，但是能起到促进作用，是创意产业集群衍生的必要条件。按马斯洛的需求层次理论来说，消费者对创意产业的消费属于一种精神消费，他们看中的是附着在产品上的创意而不是产品本身，所以，消费者的收入水平和其消费量呈正相关关系。正因为有了消费者的消费需求，才促使了创意产业的发展。当创意产业发展到一定阶段，不再满足消费者现行需求的时候，企业会想方设法寻求突破，形成集群以激发更多的创意，吸引消费者。创意产业所处的内外部环境对创意人才的吸引和创意的产生都是有推动作用的。宽松的企业文化、文化氛围会让艺术家纷至沓来，激发和释放他们更多的创意，为他们的创作提供更广阔的社会空间，从而促进创意产业集群的衍生。而上下游关联产业的发达程度又直接制约着创意产业的发展，如果它们健康发展则有可能带动创意产业的发展，给创意产业提供更广阔的发展空间。这些是创意产业集群衍生和发展的基础，也是重要的外部条件，成为创意产业集群衍生的推动力。

内驱力是创意产业集群内部发展的动力，即集群自身对衍生的愿望和需求。在创意产业集群内部，创意人才是创意产业发展的主心骨，创意产业集群衍生和发展的动力和源泉都来源于创意人才的创意，可以说，没有创意人才就不会有创意产业。同时，创意产业集群内部企业对知识的开放程度，影响着显性和隐性知识的流动，影响着创意人才思想的碰撞、创意的产生，因此也是驱动创意产业集群衍生的重要因素之一。集群内部企业之间的合作意识、合作程度、资金和人员的投入等都是创意产业集群衍生的内驱力。

牵引力、推动力和内驱力三者协同合作，就会产生巨大的能量，推动创意产业集群衍生的速度和水平的提升。

第三节　创意产业集群衍生动力

本节主要从规模经济、知识溢出和联合行动这三个方面来分析推动创意产业集群发展的因素。

一、规模经济

规模经济是指由于专业化水平提高等原因，企业的单位成本下降，从而促使企业的长期平均成本随着产量的增加而递减的经济。其主要分为内部规模经济和外部规模经济。内部规模经济是指由于企业内部规模变化，从而促使单位产品的成本下降，收益增加。外部规模经济是指因为外部因素的变化引起的企业收益增加。马歇尔（1981）认为产业集聚引起产业持续增长和附属产业的出现，以及交通等基础设施的完善就是外部规模经济。创意产业集群中的外部规模经济也就是企业的“集聚效应”，产业集聚引起了知识量的增加和技术的加强，如知识溢出等。

在创意产业集群衍生过程中，集群内企业在不断追求企业自身内部规模经济，实现企业自身利益最大化的同时，还借助集群所带来的集聚效应，不断地获得新知识和新技术，加快企业和集群的发展。

二、知识溢出

知识溢出是指与生产经营活动有关的信息、技术、管理和企业组织形式等方面的创新及成果被迅速地共享和仿效。

创意产业集群的知识溢出分为显性知识的溢出和隐性知识的溢出。显性知识是可以通过语言、书籍、文字、数据库等方式传播的，容易被人们学习。隐性知识则不能被定义，它是深植于个人的经验、判断、创意和潜意识中的知识，只可意会不能言传。隐性知识不能被记载，而且传播范围有限，只能通过面对面的交流才能完成。在创意产业集群中，知识传递的显著特点就是大量隐性知识的溢出。集群企业中个人就是隐性知识的主要溢出载体，越高层的关键人员掌握的知识越丰富就越具有稀缺性，由他们溢出的知识也就越有价值。这些知识通过一定的渠道外溢出去，被更多企业所共享，成为集群中的公共知识，并且这种知识在长期学习过程中不断地成长、升值。这就是创意产业集群具有竞争能力并且不断保持这种竞争力的原因所在。

知识溢出在创意产业集群内非常普遍，知识溢出的存在是集群形成的重要原因，是集群创新发展的最根本动力，是集群演变的动力源泉。所以，知识溢出推动了创意产业集群的衍生。

三、联合行动

联合行动是集群内各企业为了共同的发展目标而进行的有意识的合作。尽管集群内各企业的生产效率不同，但是竞争多于合作的发展模式会让各企业获得的只是一种集群的集聚效应；而合作多于竞争的发展模式会使集群内各企业在获得集聚效应之余还获得更强的联合行动效应。

创意产业集群中的联合行动主要表现为同层次企业之间的横向合作，以及不同层次企业之间的纵向合作。这种联合行动有利于提高集群内合作企业之间的创新能力和生产效率，从而促进创意产业集群的成长与竞争力的提高。联合行动是集群内各企业为了共同目标而进行的主动行为，它是一种有意识、有目的的组织活动。所以，联合行动也是创意产业集群衍生的动力。

第六章　创意产业集群衍生方式及选择

第一节　创意产业集群衍生的方式

通过对以往文献的研究和市场的实际调研，本书认为创意产业集群的衍生方式主要分为以下三种：自发集聚型、政府主导型和产业规划型。

一、自发集聚型

自发集聚型衍生方式是在城市化的过程中受到当地创意群体的催化而发展起来的，不是因为有计划的城市规划发展而成的，而是一种“自下而上”的发展模式。自发集聚型衍生通常出现在城市废弃区或者某一特定区域，并通过相对低廉的租金来吸引艺术家、文艺青年等创意人才，这样渐渐地就会形成一种自由开放的文化氛围，从而吸引更多志同道合的人士入驻。深谙商道的大财团也不会放过这样的机会，它们会在此进行创意开发。慢慢地这些城市废弃区就会成为城市新的文化亮点，并且影响周边区域的经济和文化。此种衍生方式是艺术人士或创意企业偶然性的行为，没有整体的开发主体和统一的管理机构，是由园区内的企业及艺术家自发组成的发展协会。

本书用超循环理论来对自发集聚型衍生方式进行解释，如图 2-1 所示。图 2-1（a）表示创意企业 A 在一开始是进行自身内部的自循环，这种循环不属于超循环。这种自循环的形式在市场上是随处可见的。但是在发展的过程中，随着市场的不断影响，会出现一个不稳定的、暂时的虚拟性突变体 B，我们称之为拟种。于是企业 A 和拟种 B 形成一种合作关系，也就是将拟种 B 收入自己的循环过程，形成一个只有两个实体性质的循环圈，如图 2-1（b）所示，这种循环属于超循环。但是这样的超循环圈对外部环境十分敏感，只要外部条件稍微地改变或者刺激就会使循环解体，是不稳定的。但如果出现外部条件适宜，或者外部条件对两个实体性质超循环的形成和巩固有利的情况，这种超循环就会迅速稳固起来，形成有效的二体超循环。同样，越来越多的相关企业进入由企业 A 形成的各种超循环中，就会衍生出创意产业集群，如图 2-1（c）所示。如果集群内成员对外开放度高，并且集群对外部环境具有自适应性，那么，集群内外部的知识流动会更加顺畅，激发新的创意。同时，高度的开放性也能使集群建立优势互补、资源共享的动态循环结构，保证集群的有序发展。

二、政府主导型

政府主导型衍生方式是政府有意识的计划行动的安排，是政府大力提倡促进产业发展的一种“自上而下”的发展模式。在许多西方国家的城市，衰退的城市区意欲复兴经济建设，提升地区形象，往往采用以文化引导城市再生的途径，大力发展创意产业，并将创意产业园区的建设作为发展创意产业的重要策略。政府制定园区长期的发展目标，园区从规划设计到经营管理，再到软体与硬体资源建设，都交由政府或委托给专门的机构操办。或者是政府在各项政策上大力扶植某一创意产业，如在税收、资金等方面提供大幅度优惠。这种形成模式在计划经济体制下或市场经济不发达的国家和地区比较盛行。例如，南非自 20 世纪 90 年代后在不同产业相继出现了一系列的企业集群，这些集群大都是由国家政府机构发动形成的。

三、产业规划型

产业规划型集群是指产业自主发展与政府规划指导结合而形成的集群。战略管理学家 Porter 认为，需求条件、生产要素、相关及支持产业、企业战略结构和竞争是产业集群形成的五个基本要素，但他同时又强调机会和地方政府战略这两个辅助要素的影响。政府政策的影响是不可漠视的，机会是可遇不可求的，机会可以影响四大基本要素发生变化。可见，在产业集群的形成和发展过程中，既有市场因素又有政府因素，不能简单地一概而论。产业集群区别于其他产业组织形式的独家秘籍，就在于其竞争优势。而由于产业集群在形成过程中受到四个基本因素和两个辅助因素的作用与影响，因此，产业集群竞争优势的影响因素也是多方面的，其中既有市场自发作用，也有禀赋因素，还有政府政策等非市场因素。产业规划型集群在一定程度上避免了是将政府作为主导力量还是将市场作为主导力量的简单争辩，可以说是复杂产业环境下的必然选择。

产业规划型集群的主要特征：①是一种“上下结合”的产业集群，其形成是政府干预、调节、支持与自身基础较好、环境较自由的产业市场本身共同作用、相互促进的结果。②市场发育比较完备，某一产业或者某些产业已经具备了明显的竞争优势，能够带动区域经济的增长，初步形成了产业集聚的发展态势，具备了产业集群的发展雏形。③政府通过观察和调研，发现了产业集群发展的雏形后，通过发展规划、产业战略和政策支持的方式及时介入、培育和指导，最终促成产业集群的形成。

第二节　三种衍生方式的对比

创意产业集群是一种新兴的事物，它既是一种新的产业组织形式，也是一种新的企业竞争战略。有关创意产业集群三种衍生方式的讨论，说到底可以归结为创意产业集群的形成因为何种主导力量所激发的问题的讨论。结合自发集聚型、政府主导型和产业规划型各自的特征，现将三种衍生方式做比较，如表 6-1 所示。

表6-1　三种衍生方式的对比

衍生方式	自发集聚型	政府主导型	产业规划型
主体	艺术人士或企业	政府	市场和政府
目标	利润最大化	国家或地区整体利益	产业发展
手段	自发选择	行政命令	自发和政策
决策特点	权力分散、过程短	权力集中、过程长	权力均衡、过程较长
经济稳定性	不稳定	较稳定	一般
集聚过程	缓慢	较快	一般
激励能力	强	弱	一般
调节能力	强	弱	一般

通过比较可以看出，三种衍生方式都有自己的优势和劣势。自发集聚型创意产业集群在资源配置上的优势比较明显，它能够有效地调动其市场主体的积极性，但由于权力是分散的，所以监督协调机制缺乏其有效性，集群中个体的投机行为会破坏正常的市场竞争机制，有可能导致集群的解散，因此，自发集聚型创意产业集群形成的过程相对来说是比较缓慢的；在政府主导作用下形成的产业集群，则可借助政府的宏观调控政策及其强制力量，在短时间内快速地实现个体集聚形成集群，并且通过法律法规来约束个体的投机行为，但是集群的发展就主要依赖于政府，其发展状况必须依赖政府对市场的发展规律和产业的发展趋势进行正确预测，以及政府强有力的产业规划方案和执行能力，其中任何方面出现了问题都有可能导致集群的迅速灭亡；而产业规划型产业集群则结合二者的优势，在产业发展需要的大环境中，根据政府的相关鼓励政策而自发形成，其经济稳定性和集聚过程等都趋于缓和，稳步发展，但也存在激励和调节能力不够等劣势。

实际上，创意产业集群衍生方式的选择要综合考虑各国的经济发展环境、经济发展阶段、市场发展状况，以及产业的发展现状等因素。所以，不同时期不同国家对创意产业集群衍生方式的选择也是不同的，任何一种方式都有可能对创意产业发展起到促进作用。同样，中国旅游创意产业集群的衍生方式选择，也需要综合以上各种因素进行考虑。

第三节　创意产业集群衍生方式的选择

创意产业包含的行业多样，如动漫、传媒、数码等都属于创意产业，那么针对不同的行业，适宜的衍生方式也会有所不同。因此，首先要分析创意产业集群衍生方式的选择原则及不同行业衍生方式的选择。

1. 选择原则

首先，适用原则。各个行业的特点和行业人员拥有的技术都各有不同，并没有一种统一的衍生方式适用于各个行业，每个行业衍生的阶段不同，其衍生方式选择也会有所差异。所以，衍生方式并不要求也不可能统一，没有最好的衍生方式，只有适宜于本行业衍生的方式。其次，市场主导原则。创意产业想要衍生壮大，必须要以市场为核心，市场的主导地位是政府所不能替换的。所以，在选择衍生方式时，应该遵循市场发展规律，找到符合市场需求的衍生方式。最后，长期目标原则。创意产业集群选择的衍生方式必须适应于集群的长期可持续发展，不仅要跟集群现在的衍生现状相适应，也要符合集群长期的发展规划。

2. 不同行业衍生方式的选择

创意产业包含的行业众多，每个行业所适用的衍生方式都不一样。现在就目前国内几个典型实证所选择的衍生方式进行讨论。

随着中国传媒的兴起，湖南传媒异军突起。在湖南长沙，有中国传媒第一股的“电广传媒”；有国家第一家省级广电集团——湖南广播影视事业集团；有全国闻名的“电视湘军”；有产业链极致延伸的新锐媒体；有全国唯一以晚报命名的报业集团长沙晚报报业集团；有全国最成功的体育报纸之一——《体坛周报》。这些，都为湖南形成传媒产业集群提供了条件。由于湖南卫视不断整合资源，大量业务和相关企业相伴产生，产业规模成倍增长，产业内达成了一种契约关系的合作关系，节约了交易成本和信息搜集费用。集群现象的出现，吸引了大量优秀传媒产业人才，为湖南传媒集群的衍生提供了智力支持。同样，由于地理位置接近，相互之间进行频繁的交流成为可能，为企业进行创新提供了较多的学习机会，尤其是隐性知识的交流，更能激发新思维和新方法的产生，促进集群的衍生。所以，湖南传媒集群选择的衍生方式是自发集聚型。

“杭州模式”是近几年来比较流行的，指的是杭州动漫产业在整个文化创意产业背景下，以开放的形态与文化创意产业联动运行的一种模式，现已成为中国动漫界的一个重要样本。国家新闻出版广电总局确定中国国际动漫节永久落户杭州，该动漫节是目前国内规格最高的，知名度和影响力遍布国内外的国际性专业动漫节。该动漫节自 2005 年举办至今，已成功举办七届。“杭州动漫”也由此作为一个整体品牌形成。在这些成功背后，少不了政府的支持，政府制定的一系列领先全国的产业政策和优惠政策是推动杭州动漫产业发展的强力引擎。据了解，从2005年开始,杭州率先在全国出台扶持动漫产业的政策,每年拿出5 000万~7 000万元的专项资金扶持动漫重点项目和奖励优秀产品；2010 年又出台新的动漫产业政策，更加注重对动漫企业的“扶优扶强”，并根据动画播出的时间段给予区别奖励；等等。所以，杭州动漫产业选择的衍生方式是政府主导型。

深圳的数字电视产业集群为中国高技术产业的创新集群，对其衍生发展进行研究具有十分重要的意义。深圳是创新型城市，不仅电子通信、医疗机械等产业集聚和技术创新绩效显著，而且数字电视相关产业的地理集聚也十分显著。有研究指出，深圳数字电视产业的相关企业有 76%分布在南山区和福田区，地理空间集聚态势明显。而且，深圳有良好的创业环境，企业和研究机构合作形式多样。随着市场的不断发展，数字电视产业链逐步完善，初步形成了制造产业子链和运营产业子链，内容产业子链和消费产业子链都还在不断发展中。针对市场需求的不断扩大，企业对技术创新和内容创新的需求已经产生。而且在深圳，政府对数字电视产业提供了很多优惠政策，不参与、不干涉企业发展，让市场决定产业的发展道路。同时，地方政府拨款建立了深圳建设数字电视实验区和一系列工程中心、公共技术服务平台，帮助企业解决关键的技术问题。政府的大力支持与促进产业的发展需求让深圳数字电视产业集群选择了产业规划型的衍生方式。

第七章　创意产业集群衍生路径三阶段分析

第一节　创意产业集群衍生路径阶段划分

创意产业集群的衍生路径就是对集群成长过程的描述，表现为集群从不成熟阶段向成熟阶段的发展变化。在集群成熟之后，根据产业生命周期理论，继而会出现一个衰落期，或者通过持续创新出现新的初始期进入下一个产业生命周期。在中国，创意产业出现时间不长，创意产业集群的衰退在现实中尚未出现，而且其是否出现还需要长时间的历史数据才能考察得出。所以，目前讨论创意产业集群的衰退意义不大。因此，仅将创意产业集群的衍生过程分为初始期、合作期（也就是发展期）、成熟期三个阶段。

1. 集群的初始期

随着创意市场需求不断被挖掘，政府的政策支持及创意产业发展所需的各项技术也日趋成熟。基于规模经济和节约成本考虑，各相关零散企业不断地向核心企业靠拢，从而在物理空间上形成集聚区。此时，集群尚未处于集群伙伴选择阶段，各合作企业的决策行为呈现出羊群行为现象。

2. 集群的合作期

随着创意产品在市场上的份额不断扩大，集群伙伴此时考虑的应该是如何稳固其合作关系，使创意产业集群不断衍生壮大。企业最大的目的就是获得收益，那么，要想稳固合作伙伴关系，就需要从有形收益和无形收益两个方面确定一致的发展目标。

3. 集群的成熟期

在集群衍生到一定阶段时，合作伙伴之间目标趋于一致，此时应该考虑的就是集群今后的衍生方向。对于创意产业集群来说，想要持续、稳定、高效衍生，必然会走上可持续道路，其衍生方向也是可持续的生态化发展，也就是人人都有创意，人人都是生产力的阶段。

第二节 初始期创意产业集群合作伙伴选择中的羊群行为

创意产业集群是由创意产品生产价值链所联系起来的彼此依赖的公司（包括专业化的供应者）、知识提供机构（大学、研究所和工程公司）、中介组织（经纪人、咨询机构）和消费者组成的创意产业生产网络。与传统产业集群相比，创意产业集群具有规模小型化、物理空间独特、工作与生活融合、跨行业集聚和知识溢出明显的特点。实证调查资料显示，集群化模式日益成为世界各国创意产业领域的主要经济组织形态。从区域发展、产业经济等不同角度来看，创意产业集群对区域发展的社会转型、历史文脉的传承、城市旧区的合理改造有积极意义，同时也是区域经济实现可持续增长的重要战略。而形成创意产业集群的首要条件就是核心企业和集群伙伴都要有加入创意产业集群的动机，也就是说，核心企业和集群伙伴之间要存在一种互相合作的关系。因此，在创意产业集群形成的过程中，集群合作伙伴的选择就成为创意产业集群发展首先要解决的问题。

一、羊群行为理论

所谓羊群行为，原本是指动物（牛、羊等畜类）成群移动、觅食；后被引申用来描述人类社会现象，指与大多数人一样思考、感觉、行动，与大多数人在一起，与大多数人保持一致。由于集群合作伙伴在入群行为上有行为趋同，即某一企业事先决定入群，但是在观察到其他同类企业都没有入群后，放弃自己入群的决定，即不入群；或者如果事先决定不入群，但是在观察到其他同类企业都入群后，也决定跟着入群，这就产生了羊群行为。

在创意产业集群的形成过程中，集群合作伙伴的决策通常也会受到周围其他合作伙伴的影响，将其他合作伙伴是否入群的行为作为自己的行为依据，从而影响自己的入群决策。因此，本书构建羊群行为模型对集群合作伙伴的入群行为进行研究。

二、羊群行为模型构建

在创意产业中，市场先机通常会被某一家企业所掌握，但是该企业在一些相关的辅助技术方面不具备竞争优势，需要通过和其他企业合作组建一个集群来共同发展，本书将这类最先把握市场机遇并且拥有核心资源的企业称为核心企业；将另一类企业称为集群合作伙伴，他们对风险的承受能力为中性并且想要和核心企业合作。集群合作伙伴按顺序依次决定是否加入某一创意产业集群。决策结果也只有两种可能$V\in\{c,w\}$，$V=c$表示好的建群结果，$V=w$表示坏的建群结果。这一结果是在第一个集群合作伙伴做完是否入群的决策之后随机决定的，并在以后保持不变。只有在所有的集群合作伙伴都做完决策之后，这个结果才被公示出来。对于合作市场上的n个集群合作伙伴，每个集群合作伙伴m $(m\in n)$之间都存在差异，各自都有自己想要得到的合作收益或者是企业之间的利益分配比例B_m。假设合作市场上有一部分集群合作伙伴（占集群合作伙伴总数的比例为θ）可以通过一定的渠道来了解和预测合作的效果，获得私人信息$S_m\in\{c,w\}$，其中$S_m=c$表示好的信息，即集群合作伙伴入群后的效果好；$S_m=w$表示坏的信息，即集群合作伙伴入群后的效果不好。私人信息的精确度p是指给定入群结果的条件下信息是正确的概率，即

$$P\left(S_m=c/V=c\right)=P\left(S_m=w/V=w\right)=p,\frac{1}{2}<p<1 \tag{7-1}$$

其中，$P\left(S_m=c/V=c\right)$为在好的建群结果前提下，集群合作伙伴得到的私人信息为好的概率；$P\left(S_m=w/V=w\right)$为在坏的建群结果前提下，集群合作伙伴得到的私人信息为坏的概率。

另外，在每个集群合作伙伴做出入群决策之前，可以观察到前面集群合作伙伴的入群决策。每个集群合作伙伴在集合$a_m\in A=\{y,n\}$中选择行为a_m，入群决策$a_m=y$表示入群，入群决策$a_m=n$表示不入群。因此，集群合作伙伴m的信息集就是他的私人信息和前面集群合作伙伴的决策历史$H_m=\left(a_1,a_2,\cdots,a_{m-1}\right)$。现在假设核心企业对想要入群的集群合作伙伴提供一个合作收益$E\left(V/y,H_m\right)$，表示在不管建群结果好坏的情况下，通过观察前面集群合作伙伴的决策历史H_m，核心企业对加入创意产业集群中的集群合作伙伴所提出的合作期望。在这种情况下，集群合作伙伴m的收益是在其信息集的条件下对合作结果的期望值，即

$$B_m=E\left(V/y,H_m\right) \tag{7-2}$$

因此，能获得私人信息的集群合作伙伴的行为策略为：若$B_m>E\left(V/y,H_m\right)$，则集群合作伙伴$m$加入该创意产业集群；若$B_m<E\left(V/y,H_m\right)$，则集群合作伙伴$m$不加入该创意产业集群。不能获得私人信息的集群合作伙伴m加入创意产业集群的概率为$\frac{1}{2}$。

令$u_{m+1}=P\left(V=c/a_m,H_m\right)$，表示核心企业观察到决策历史$H_m$和集群合作伙

伴采取行动 a_m 后对建群效果的预期，由贝叶斯法则得

$$\begin{aligned} u_{m+1} &= P(V=c/a_m,H_m) \\ &= \frac{P(a_m/H_m,V=c)P(V=c/H_m)}{P(a_m/H_m,V=c)P(V=c/H_m)+P(a_m/H_m,V=w)P(V=w/H_m)} \quad (7\text{-}3) \\ &= \frac{P(a_m/H_m,V=c)u_m}{P(a_m/H_m,V=c)u_m+P(a_m/H_m,V=w)(1-u_m)} \end{aligned}$$

其中，$P(a_m/H_m,V=c)$ 为在建群结果为好的情况下，核心企业观察到决策历史 H_m 对集群合作伙伴行为的预期；$P(a_m/H_m,V=w)$ 为在建群结果为坏的情况下，核心企业观察到决策历史 H_m 对集群合作伙伴行为的预期；$P(V=c/H_m)$ 为核心企业观察到决策历史 H_m 后对建群结果为好的预期；$P(V=w/H_m)$ 为核心企业观察到决策历史 H_m 后对建群结果为坏的预期。

$$P(a_m=y/V=c,H_m)=P(a_m=n/V=w,H_m)=p\theta+\frac{1-\theta}{2} \quad (7\text{-}4)$$

$$P(a_m=y/V=w,H_m)=P(a_m=n/V=c,H_m)=(1-p)\theta+\frac{1-\theta}{2} \quad (7\text{-}5)$$

其中，$P(a_m=y/V=c,H_m)$ 为观察到决策历史 H_m 后，核心企业在建群结果为好的前提下对集群合作伙伴加入集群的预期；$P(a_m=n/V=w,H_m)$ 为观察到决策历史 H_m 后，核心企业在建群结果为坏的前提下对集群合作伙伴不加入集群的预期；$P(a_m=y/V=c,H_m)$ 为观察到决策历史 H_m 后，核心企业在建群结果为坏的前提下对集群合作伙伴加入集群的预期；$P(a_m=n/V=y,H_m)$ 为观察到决策历史 H_m 后，核心企业在建群结果为好的前提下对集群合作伙伴加入集群的预期。

由式（7-2）集群合作伙伴 m 的收益及式（7-3）核心企业对建群效果的预期可以算出拥有私人信息的集群合作伙伴 m 对构建创意产业集群效果的预期。

$$\begin{aligned} B_m &= E(V/y,H_m) \\ &= \frac{P(a_m=y/H_m,V=c)u_m}{P(a_m=y/H_m,V=c)u_m+P(a_m=y/H_m,V=w)(1-u_m)} \\ &= \frac{\left(p\theta+\frac{1-\theta}{2}\right)u_m}{\left(p\theta+\frac{1-\theta}{2}\right)u_m+\left[(1-p)\theta+\frac{1-\theta}{2}\right](1-u_m)} \quad (7\text{-}6) \\ &= \frac{\left[1+(2p-1)\theta\right]u_m}{1+\left[1-2p+(4p-2)u_m\right]\theta} \end{aligned}$$

其中，$P(a_m=y/H_m,V=c)$ 为在建群结果为好的情况下，核心企业观察到决策历

史 H_m 对集群合作伙伴入群的预期；$P\left(a_m = y / H_m, V = w\right)$ 为在建群结果为坏的情况下，核心企业观察到决策历史 H_m 对集群合作伙伴入群的预期。

同理，运用贝叶斯法则求得核心企业对与集群合作伙伴 m 合作构建创意产业集群效果的预期为

$$E\left(V / c, H_m\right) = P\left(V = c / S_m = c, H_m\right) \times \sum_{i=1}^{n} X_i = 1 \tag{7-7}$$

其中，$P\left(V = c / S_m = c, H_m\right)$ 为通过观察到决策历史 H_m 后，集群合作伙伴在私人信息为好的前提下对建群结果为好的预期。

又因为 $\sum_{i=1}^{n} X_i = 1$，所以可得

$$\begin{aligned} E\left(V / c, H_m\right) &= P\left(V = c / S_m = c, H_m\right) \\ &= \frac{P\left(S_m = c / H_m, V = c\right) u_m}{P\left(S_m = c / H_m, V = c\right) u_m + P\left(S_m = c / H_m, V = w\right)\left(1 - u_m\right)} \\ &= \frac{u_m p}{u_m p + \left(1 - u_m\right)\left(1 - p\right)} \end{aligned} \tag{7-8}$$

$$\begin{aligned} E\left(V / w, H_m\right) &= P\left(V = c / S_m = w, H_m\right) \\ &= \frac{P\left(S_m = w / H_m, V = c\right) u_m}{P\left(S_m = w / H_m, V = c\right) u_m + P\left(S_m = w / H_m, V = w\right)\left(1 - u_m\right)} \\ &= \frac{u_m\left(1 - p\right)}{u_m\left(1 - p\right) + \left(1 - u_m\right) p} \end{aligned} \tag{7-9}$$

其中，$P\left(S_m = c / H_m, V = c\right)$ 为建群结果为好的情况下，集群合作伙伴观察到决策历史 H_m 后对私人信息为好的预期；$P\left(S_m = c / H_m, V = w\right)$ 为建群结果为坏时，集群合作伙伴观察到决策历史 H_m 后对私人信息为好的预期；$P\left(V = c / S_m = w, H_m\right)$ 为观察到决策历史 H_m 后，集群合作伙伴在私人信息为坏的前提下，对建群结果为好的预期；$P\left(S_m = w / H_m, V = c\right)$ 为建群结果为好的情况下，集群合作伙伴观察到决策历史 H_m 后对私人信息为坏的预期；$P\left(S_m = w / H_m, V = w\right)$ 为建群结果为坏的情况下，集群合作伙伴观察到决策历史 H_m 后对私人信息为坏的预期。

三、集群合作伙伴的集群行为分析

在集群合作伙伴选择加入创意产业集群的过程中，拥有私人信息的集群合作伙伴如果对选择加入创意产业集群的私人信息为好消息的情况下，则集群合作伙伴就应该与核心企业进行合作，加入创意产业集群。然而，如果该企业在观察到

其他企业并没有选择加入创意产业集群的情况下，会忽略自己的私人信息而放弃与核心企业的合作，本书将这种行为定义为不选择加入创意产业集群的羊群行为；如果集群合作伙伴得到的消息并不是加入创意产业集群，但是观察到其他企业都加入了创意产业集群，跟风选择与核心企业合作的行为决策，则称为选择加入创意产业集群的羊群行为。

在西蒙的决策人有限理性的条件下，假设核心企业都是完全理性的，而集群合作伙伴是有限理性的，且拥有私人信息的集群合作伙伴的效用函数为

$$U(V,x)=(\lambda V+\sigma)x+m \tag{7-10}$$

其中，x表示集群合作伙伴对核心企业的入群投入量；m表示集群合作伙伴自由的流动资产；λ表示集群合作伙伴对入群信息的反应程度，包括对自己私人信息和其他集群合作伙伴入群决策的反应程度，当$\lambda>1$时表现为反应过度，当$0<\lambda<1$时表示反应不足；σ表示集群合作伙伴对建立创意产业集群效果预期估计的系统性偏差，当$\sigma>0$时表示集群合作伙伴过于乐观，当$\sigma<0$时说明集群合作伙伴过于悲观。假设集群合作伙伴对已经合作的核心企业的投入量为e，那么拥有私人信息的集群合作伙伴选择核心企业的投入I_m满足

$$E\left[(\lambda V+\sigma)x+m-eI_m/S_m,H_m\right]-E\left[(\lambda V+\sigma)x+m/S_m,H_m\right]=0 \tag{7-11}$$

求解得

$$I_m=\lambda E(V/S_m,H_m)+\sigma \tag{7-12}$$

根据式（7-11）可以得知，决定集群合作伙伴m是否加入创意产业集群的因素主要有：与构建创意产业集群效果有关的信息因素［$E(V/S_m,H_m)$，表示集群合作伙伴在观察决策历史H_m并获得私人信息S_m后对建群结果的预期］和集群合作伙伴自身的因素$(\lambda$和$\sigma)$。特殊情况，当$\lambda=1,\sigma=0$时，集群合作伙伴是完全理性的，在这里不分析。

（1）在有限理性的情况下，如果发生集群合作伙伴选择与核心企业合作的羊群行为，也就是在得到私人信息为坏消息的时候，本不应该选择加入集群，但是集群合作伙伴却加入了创意产业集群，即

$$I_m=\lambda E(V/S_m,H_m)+\sigma>E(V/y,H_m) \tag{7-13}$$

若$\sigma=0$，即集群合作伙伴对入群信息不存在系统偏差，则当$\lambda>\dfrac{E(V/y,H_m)}{E(V/S_m,H_m)}>1$时，集群合作伙伴$m$在是否加入创意产业集群的过程中，将会发生加入集群的羊群行为。

若$\lambda=1$，即集群合作伙伴对入群信息反应中性，则$\sigma>E(V/y,H_m)-E(V/S_m,H_m)>0$时，集群合作伙伴$m$在是否加入创意产业集群的过程中，将会发生加入集群的羊群行为。

若$\lambda \neq 1$且$\sigma > 0$，即集群合作伙伴同时存在反应过度和乐观情绪、反应不足和乐观情绪中的任一情况，则集群合作伙伴m在是否加入创意产业集群的过程中，将会发生加入集群的羊群行为。

若$\lambda > 1$且$\sigma < 0$，即集群合作伙伴同时存在反应过度和悲观情绪，则集群合作伙伴m在是否加入创意产业集群的过程中，将会发生加入集群的羊群行为。

若$0 < \lambda < 1$且$\sigma < 0$，即集群合作伙伴同时存在反应不足和悲观情绪，则集群合作伙伴m在是否加入创意产业集群的过程中，不会发生加入集群的羊群行为。

（2）同理可得，在有限理性的情况下，如果发生集群合作伙伴不选择与核心企业合作的羊群行为，也就是在得到私人信息为好消息的时候，本应该选择加入集群，但是集群合作伙伴却没有加入创意产业集群，即

$$I_m = \lambda E\left(V / S_m, H_m\right) + \sigma < E\left(V / y, H_m\right) \tag{7-14}$$

若$\sigma = 0$，即集群合作伙伴对入群信息不存在系统偏差，则当$\lambda < \dfrac{E\left(V / y, H_m\right)}{E\left(V / S_m, H_m\right)}$时，集群合作伙伴$m$在是否加入创意产业集群的过程中，将会发生不选择加入集群的羊群行为。

若$\lambda = 1$，即集群合作伙伴对入群信息反应中性，则$\sigma < E\left(V / y, H_m\right) - E\left(V / S_m, H_m\right)$时，集群合作伙伴$m$在是否加入创意产业集群的过程中，将会发生不选择加入集群的羊群行为。

若$\lambda \neq 1$且$\sigma > 0$，即集群合作伙伴同时存在反应过度和乐观情绪、反应不足和乐观情绪中的任一情况，则集群合作伙伴m在是否加入创意产业集群的过程中，将会发生不选择加入集群的羊群行为。

若$\lambda > 1$且$\sigma < 0$，即集群合作伙伴同时存在反应过度和悲观情绪，则集群合作伙伴m在是否加入创意产业集群的过程中，将会发生不选择加入集群的羊群行为。

若$0 < \lambda < 1$且$\sigma < 0$，即集群合作伙伴同时存在反应不足和悲观情绪，则集群合作伙伴m在是否加入创意产业集群的过程中，将会发生不选择加入集群的羊群行为。

通过上述分析可以发现，只要集群合作伙伴是有限理性的，那么在选择是否加入集群的时候就可能在很大程度上偏离原来的决策而选择跟随其他的决策者的行为。造成这种行为的最大因素可能就是市场行业环境和决策者本身对自己的私人信息没有把握。集群合作伙伴选择核心企业的行为失误，可能引起集群内部出现相互之间不信任、利益分配纠纷或者成员企业之间采取相互攻击的措施等不合作现象，从而导致集群的合作目标无法实现，影响创意产业集群的稳定性。因此，对创意产业集群合作伙伴选择的决策行为必须受到足够的重视。

第三节 合作期创意产业集群合作伙伴关系的演化博弈分析

具有有限理性的集群合作伙伴参与到创意产业集群中，将会采取怎样的合作偏好度，决定着创意产业集群是否稳定运行。本节运用演化博弈的理论，用规范分析来推演创意产业集群衍生过程中集群合作伙伴之间的关系问题。

一、集群合作伙伴关系演化模型

演化博弈理论（evolutionary game theory）是将博弈理论分析与动态演化过程分析相结合的一种新理论，起源于行为生态学。与传统博弈理论不同的是，演化博弈理论不要求研究主体完全理性，也不要求其所获信息的完整性。它从个体的有限理性出发，以群体为研究对象，认为个体的决策是通过模仿、学习和突变等过程来实现的，现实中的个体行为并不是最优化的，这与创意产业集群中集群合作伙伴的行为是基本相符的。演化博弈理论认为博弈方在多次博弈过程中试图寻找最优的均衡，所有博弈方都趋于选择某个比较稳定的策略，这个趋于稳定的策略就是演化博弈理论的核心概念——进化稳定策略（evolutionary stable strategy，ESS）。演化博弈分析的主要意义不在于对一次博弈结果或者均衡的研究，而是组成博弈方的成员在长期反复复杂的博弈过程中策略的调整、发展趋势及局部的稳定性。

假设现在有创意产业集群的两个企业进行博弈，分别为集群合作伙伴 I_1 和集群合作伙伴 I_2。每个集群合作伙伴的战略是选择价格，支付是各自的利润。

集群合作伙伴 i 的需求函数为

$$q_i\left(p_i, p_j\right) = a - kp_j,\ i, j = 1,2,\ i \neq j \tag{7-15}$$

其中，$a>0$ 表示市场的潜在需求量，$|k|<1, k\neq 0$ 表示两企业生产产品的可替代（或互补）程度（$-1<k<0$，表示两企业所生产产品是替代品，组建的是横向集群合作关系；$0<k<1$，表示两企业产品互补，组建的是纵向集群合作关系）。

集群合作伙伴 i 的利润函数为

$$\pi_i\left(p_i, p_j\right) = p_i\left(a - p_i - kp_j\right) \tag{7-16}$$

同时，在集群合作竞争情况下，企业决策者不仅要考虑自身支付，还要考虑集群合作伙伴的支付，以求达到集群利益的最大化。对集群合作伙伴收益的关注，与该集群合作伙伴的合作偏好度有关。在这里，集群合作伙伴的合作偏好度用 $r_i\left(r_i \in [0,1], i=1,2\right)$ 来表示。r 越大，表示集群合作伙伴的合作偏好度越高，集群合

作伙伴的关系也就越好。所以，集群合作伙伴目标函数可以表示为

$$\Pi_1(p_1,p_2)=\pi_1(p_1,p_2)+r_1\pi_2(p_1,p_2) \tag{7-17}$$

$$\Pi_2(p_1,p_2)=\pi_2(p_1,p_2)+r_2\pi_1(p_1,p_2) \tag{7-18}$$

最大化集群合作伙伴目标函数Π_i则可得两个集群合作伙伴价格决策的均衡解：

$$p_1^*(r_1,r_2)=\frac{a\left[2+k(1+r_1)\right]}{4-k^2(1+r_1)(1+r_2)} \tag{7-19}$$

显然，

$$p_2^*(r_1,r_2)=p_1^*(r_2,r_1) \tag{7-20}$$

若$4-k^2(1+r_1)(1+r_2)\neq 0$，则可得到集群合作伙伴$I_1$在其合作偏好度为$r_1$并且集群合作伙伴$I_2$的合作偏好度为$r_2$时候的利润函数为

$$\pi_1^*(r_1,r_2)=\frac{a^2\left[2+k(1+r_1)\right]\left[2+k(1-r_1)-k^2r_1(1+r_2)\right]}{\left[4-k^2(1+r_1)(1+r_2)\right]^2} \tag{7-21}$$

显然，

$$\pi_2^*(r_1,r_2)=\pi_1^*(r_2,r_1) \tag{7-22}$$

二、集群合作伙伴关系演化模型分析

在这里，先应用演化博弈的思想来讨论在市场竞争环境中集群内是否存在有合作偏好的集群合作伙伴。根据演化博弈中演化稳定策略的概念，先将合作偏好度$r^*\left(r^*\in[0,1]\right)$叫做 ESS，然后做如下定义。

（1）若$\pi_1(r^*,r^*)\geqslant\pi_1(r,r^*)$，对任意$r^*$有$r^*\neq r$且$r\in[0,1]$。

（2）若$\pi_1(r^*,r^*)>\pi_1(r,r)$，对任意$\pi_1(r^*,r^*)$有$\pi_1(r^*,r^*)=\pi_1(r,r^*)$。

本书认为作为 ESS 的r^*是不会被任一突变r入侵的。定义（1）的含义是：如果合作偏好度r^*是 ESS，那么r^*是自己的最优反应，任何选择突变策略∂的突变集群合作伙伴入侵，都不可能比原有集群中的合作伙伴得到更多的支付；定义（2）说明，即使某些突变集群合作伙伴采取了突变策略r同集群中采取r^*的集群合作伙伴一样成功，但是由于r^*与r博弈比r与r博弈能获得更高支付，所以采取r^*的集群合作伙伴就会入侵合作偏好度为r的突变集群，从而使选择突变策略的集群合作伙伴在衍生过程中消失。

首先，假设$0<k<1$，也就是集群合作伙伴是纵向合作关系，运用 ESS 思想，可以得到：在纵向集群合作伙伴关系的演化博弈过程中，$r^*=\dfrac{k}{2-k}$是 ESS。由于

$0<k<1$，$0<r^*=\dfrac{k}{2-k}<1$，r^*说明了纵向集群合作伙伴存在合作偏好，而且其合作偏好度与k正相关，也就是纵向集群的战略互补性越高，集群合作伙伴的合作偏好就越强。

其次，当$-1<k<0$，也就是集群合作伙伴是横向合作关系时，可知$r^*=0$是ESS。也就是横向集群合作伙伴之间不存在合作偏好，自利行为被认为是一种稳定的演化策略。

三、集群合作伙伴无形收益的演化模型分析

在创意产业集群中，集群合作伙伴在追求自身利益提升的同时，也要考虑无形收益的情况。集群合作伙伴想要加入集群是为了获得规模经济，同时，也希望通过向其他合作伙伴的学习来提高自身的技术能力，增加自身的竞争力。所以，集群合作伙伴的合作偏好度越高，就越容易加入好的集群，越容易与其他企业建立良好的合作关系，也就越可能从合作伙伴那得到较高的学习效应。

假设集群合作伙伴无形收益为$R=r_ip_i^2$，则收益函数为

$$u_i\left(p_i,p_j\right)=\pi_i\left(p_i,p_j\right)+r_ip_i^2 \tag{7-23}$$

集群合作伙伴的目标函数为

$$\Pi_1\left(p_1,p_2\right)=u_1\left(p_1,p_2\right)+r_1u_2\left(p_1,p_2\right) \tag{7-24}$$

$$\Pi_2\left(p_1,p_2\right)=u_2\left(p_1,p_2\right)+r_2u_1\left(p_1,p_2\right) \tag{7-25}$$

最大化集群合作伙伴目标函数Π_i则可得两个集群合作伙伴价格决策的均衡解：

$$p_1^*\left(r_1,r_2\right)=\frac{a\left[2\left(2-r_2\right)+k\left(1+r_1\right)\right]}{4\left(1-r_1\right)\left(1-r_2\right)-k^2\left(1-r_1\right)\left(1+r_2\right)} \tag{7-26}$$

显然，

$$p_2^*\left(r_1,r_2\right)=p_1^*\left(r_2,r_1\right) \tag{7-27}$$

若$4\left(1-r_1\right)\left(1-r_2\right)-k^2\left(1+r_1\right)\left(1+r_2\right)\neq 0$，则可得到集群合作伙伴$I_1$在其合作偏好度为$r_1$并且集群合作伙伴$I_2$的合作偏好度为$r_2$时候的利润函数为

$$\pi_1^*\left(r_1,r_2\right)=\frac{a^2\left[2\left(1-r_2\right)+k\left(1+r_1\right)\right]\left[2\left(1-r_1\right)\left(1-r_2\right)+k\left(1-r_1\right)^2-k^2r_1\left(1+r_2\right)\right]}{\left[4\left(1-r_1\right)\left(1-r_2\right)-k_2\left(1+r_1\right)\left(1+r_2\right)\right]^2} \tag{7-28}$$

显然，

$$\pi_2^*\left(r_1,r_2\right)=\pi_1^*\left(r_2,r_1\right) \tag{7-29}$$

当集群合作伙伴关系在演化博弈过程中有与集群合作伙伴合作偏好度相关的无形收益存在时，$r^*=0$不是演化的稳定策略。也就是不管集群合作伙伴关系是

横向的还是纵向的，只要集群合作伙伴考虑了无形收益，那么合作偏好度 $r^* > 0$ 的话集群就能存活，并能在长期的衍生过程中保持下去，不被淘汰。

第四节　成熟期创意产业集群生态化分析

从世界各国产业集群的发展历程来看，产业集群的发展轨迹首先是从资源型发展为产业型，其次形成网络型，最后落脚到生态型产业集群模型。所以，创意产业集群衍生发展的最终落脚点也会是产业集群的生态化，创意产业集群的生态化发展可实现其可持续发展。和其他任何事物一样，经历过快速发展阶段和成熟阶段后，创意产业集群会进入衰退期。此时，要么是在经历短暂的衰退后实现产业升级，开始下一个新的发展周期；要么是走向最终的灭亡，这会对创意产业和经济发展带来致命的打击。因此，必须实现创意产业集群的可持续发展。一方面应该尽量延长创意产业集群在成熟阶段的停留时间，获得集群持续的高效益和对地方经济的高贡献率；另一方面，在创意产业集群进入衰退阶段时，通过结构调整、技术创新等活动快速引导创意产业集群进入复兴阶段，实现产业升级。而这两者都必须是在充分遵循市场规律的基础上，发挥集群各活动主体的主观能动作用，有效利用集群自身的独特优势，即借助在集群网络系统中形成的持续创新机制，实现产业的不断升级和集群的可持续发展。

生态型产业集群是一个由制造业企业和服务业企业及其他支持系统组成的企业群落。它通过在管理包括能源、水和材料这些基本要素在内的环境与资源方面的合作来实现生态环境与经济的双重优化和协调发展，最终使该企业群落寻求一种比个体效益的总和还要大得多的群体效益。从生态系统的角度看，生态型产业集群可能是一个由初级材料加工厂、深加工厂或转化厂、制造厂、各种供应商、废物加工厂、次级材料加工厂等组合而成的企业群落，或者是由燃料加工厂甚至废物再循环厂组合而成的一个企业群，在其中存在着资源、企业、环境之间的相互作用关系，根据它们在集群中的作用和位置不同，也可以分为生产者企业、消费者企业和分解者企业。另外，在产业集群中还存在资金、信息、政策人才和价值的流动，从而形成一种类似自然生态系统生物链的生态产业链。因此，生态型产业集群就是某一区域范围内的企业模仿自然系统中的生产者、消费者和分解者，以资源（包括原料、副产品、信息、资金、人才）为纽带形成的具有产业衔接关系的企业联结，实现资源在区域范围内的循环流动。这些企业依照顺序形成一个高效率的闭环系统（closed loop system），既提高了经济效益又从根本上改善了生态环境。生态型产业集群强调资源的循环利用，鼓励企业间相互交换副产品

（by-product exchange），通过结网建立企业间的产业共生关系，从而实现企业经济效益和环境效益的“双赢”。

继 2001 年出版《创意经济》一书之后，有“创意产业之父”美誉的约翰·霍金斯于 2011 年 3 月出版其最新的著作《创意生态学》英文版。自 2006 年以来，约翰·霍金斯频繁出入中国，2008 年 1 月他在中国正式提出了创意生态理论，立刻引起了广泛的关注。他认为所谓“生态系统”是指在一定的空间和时间范围内，在各种生物之间及生物群落与其无机环境之间，通过信息传递、能量流动和物质循环而相互作用的统一整体。创意生态系统至少包含四个内容，即创意经济环境条件、生产者、消费者、分解者。结合中国文化创意产业几年来的实践，他认为当前发展创意经济的主要问题是，脱胎于“以物为本”的传统经济生产关系，已经不适应当前“以人为本”的创意经济生产力发展的要求。所以，约翰·霍金斯提出了“创意生态”三大原则，即“人人都有创造力、创造力需要自由、自由需要市场”，就是要提示人们，创意经济符合罗默等提出的经济内生增长理论。具体而言，创意生态系统需要各个角色紧密结合、相互合作，如同生态环境般，具有多样性，在多元价值与自由滋养的环境中，创意才能有效滋生与永续成长。创意领导人致力于建立跨界合作，接纳多元价值与创造双赢思维也是发展创意生态系统的不二法门。

所以，根据以上分析，本书认为在创意产业集群发展到成熟期时，需要考虑其生态化，需要政府和社会各部门的配合以形成创意生态产业集群，引导创意产业集群进入复兴阶段，实现产业升级，保证创意产业集群在很长一段时间内不会衰落。

第八章　黑龙江省旅游创意产业集群衍生路径案例分析

第一节　黑龙江省旅游创意产业发展现状

一、黑龙江省旅游产业概况

黑龙江省地域辽阔，四季分明，文化厚重，物产丰富。旅游资源特色鲜明。世界旅游组织专家把黑龙江省旅游形象定位为：黑龙江省——中国旅游 COOL（酷）省。这是对黑龙江省凉爽怡人的气候、独特神奇的生态旅游资源、时尚浪漫的旅游产品和独具地域民族特色的人文景观的高度概括。具体解读为："黑龙江省——春季活力世界，夏季清凉世界，秋季多彩世界，冬季冰雪世界。"

黑龙江省按照《中国旅游资源普查规范》进行了旅游资源普查，获得了 60 种基本类型的 1 361 处旅游资源实体资料，占该规范所列的 68 种基本类型的 88.24%，已经超过了 60%全国省级旅游资源丰富的指标线。

黑龙江省现有中国优秀旅游城市 9 个，旅行社 457 家（其中国际社 75 家），星级饭店 280 家（其中五星级 3 家、四星级 36 家、三星级 113 家），国家 A 级景区 151 家（其中五 A 级 1 家、四 A 级 17 家、三 A 级 68 家），S 级滑雪场 27 家，达标漂流场所 12 家，国家和省级工农业旅游示范点 42 个，旅游星级家庭旅馆 61 家。

在黑龙江省委、黑龙江省人民政府的正确领导和全省旅游行业的共同努力下，黑龙江省旅游产业呈现出良好发展态势，连续多年成为全国旅游业发展最快的省份之一。全省旅游业发展速度不断加快，旅游规模不断扩大，旅游产业素质不断提升，旅游发展环境不断改善。初步建立了"政府主导，部门联动"的发展格局。2005 年以来，全省入境旅游接待人数累计实现 530.55 万人次，年均增长 28.63%；旅游外汇收入 23.45 亿美元，年均增长 30.26%；国内旅游接待人数累计实现 2.45 亿人次，年均增长 20.19%；国内旅游收入 1 446.3 亿元，年均增长 22.19%；全省旅游业总收入累计实现 1 623.1 亿元，年均增长 22.44%。2009 年前三季度，受世界范围经济危机等不利因素影响，入境旅游同比下降，但国内旅游依然保持了良好的增长势头，全省接待国内游客 7 696.56 万人次，比上年同期增长 20.32%；国内旅游收入为 422.12 亿元，比上年同期增长 17.75%。2010 年前三季度，全省旅游接待总人数为 7 801.6 万人次，同比增长 19.46%；旅游业实现总收入 453.25 亿元，同比增长 14.22%。

二、黑龙江省旅游创意产业发展

旅游创意产业，顾名思义就是旅游产业和创意产业的融合，在旅游产业的发展中加入创意成分，通过旅游从业人员的智慧和创造，创造财富和就业机会的产业。黑龙江省在“十一五”期间，深入挖掘以哈尔滨为重点的冰雪文化、金源文化、欧陆文化、犹太文化、工业文化及建筑文化等观光旅游项目，以此提升哈尔滨国际旅游城市的文化品位。此外，还推出齐齐哈尔鹤文化、佳木斯三江文化、大庆石油文化、伊春和大兴安岭林业文化、黑河和绥芬河中俄口岸文化等区域特色文化旅游产品，繁荣了黑龙江省的文化旅游市场。在传统文化艺术产业方面，“十一五”期间，黑龙江省重点引进和促进传统文化艺术产业，倡导主题性创作与传统艺术创作的有机融合，鼓励传统艺术、民间艺术和工艺美术走产业化发展道路，重点开发桦树皮工艺、鱼皮工艺、皮影画、剪纸、黑陶、木雕、麦饭石雕等市场，扩大销售渠道和经营规模。

2008 年，在电视剧《闯关东》热播的时候，黑龙江省旅游局及时将开发“闯关东 · 游龙江”主题旅游作为 2008 年全省旅游创意举措之一，收到了很好的反响。“闯关东 · 游龙江”主题旅游主要包括自然原始生态游、经典文化游、怀旧游、影视采风游、魅力关东游五大旅游主题，31 条独具特色的旅游线路，北自三江口的山东屯、南至存有“闯关东”遗址和遗迹的哈尔滨、西起大兴安岭的老金沟、东至牡丹江的林海雪场，使游客领略黑龙江省这块富饶、美丽，同时又充满着传奇色彩的关东宝地的风采，追溯“闯关东”的开拓历史，回顾闯关东人当年的奋斗足迹，感受黑土文化与关内文化交融的魅力，体验“闯关东”后代的现代新生活。可以说，“闯关东 · 游龙江”是黑龙江省旅游创意开发非常成功和典型的案例。

第二节　黑龙江省旅游创意产业集群的优势和瓶颈

与其他形式的创意产业相比，旅游创意产业有其自身的特点。黑龙江省是国内的旅游大省，夏季的“消暑旅游”和冬季的“冰雪旅游”都已形成了响亮品牌。

一、黑龙江省发展旅游创意产业集群的优势

1. 丰富的旅游资源

（1）冰雪旅游资源。黑龙江省大部分区域处于中温带，山区冬季雪量大，雪期长（120天左右），雪质好，适于滑雪旅游。滑雪资源主要集中在四大区域：哈尔滨市、伊春市、牡丹江市和大兴安岭地区。冰灯和冰雪游乐主要集中在哈尔滨、牡丹江、齐齐哈尔等大中城市。

（2）避暑旅游资源。黑龙江省夏季凉爽，众多的江河湖泊和浩瀚的林区是避暑的好去处。全省有50处森林公园，其中国家级19处，省级31处。

（3）边境旅游资源。黑龙江省与俄罗斯接壤有3 000多千米的边境线，其中界江2 300千米；有25个开放口岸，其中17个已经成为旅游口岸，绥芬河、黑河、东宁、抚远的边境出入境游客量排在前4位。

（4）历史遗迹和民俗风情旅游资源。黑龙江省保留了较为丰富的人类文化遗存，如昂昂溪遗址和新开流遗址、唐代渤海国上京龙泉府遗址、金代上京会宁府遗址。以农耕为主的满族、朝鲜族，以捕鱼为生的赫哲族，以狩猎为生的鄂伦春族和以牧业为主的蒙古族、达斡尔族，保留着北方少数民族所特有的民俗风情，成为黑龙江省重要的民俗旅游资源。

（5）自然保护区。黑龙江省有国家级自然保护区 14 处，省级自然保护区38处。

（6）风景名胜区与森林公园。黑龙江省著名的风景名胜区有国家级的五大连池、镜泊湖，省级的太阳岛、明月岛、晨星岛、兴凯湖、莲花湖、二龙山、桃山。著名的森林公园有五营国家森林公园、哈尔滨国家森林公园、宁安火山口国家森林公园、牡丹江国家森林公园等。

（7）历史文化名城与爱国主义教育示范基地。哈尔滨市是国家级历史文化名城，也是国家首批优秀旅游城市，有代表世界多种建筑风格的建筑物近百处，素有“东方小巴黎”“东方莫斯科”之称。齐齐哈尔、宁安、依兰、阿城、呼兰等是省级历史文化名城。东北烈士纪念馆、侵华日军第七三一部队罪证陈列馆、虎林要塞陈列馆、爱辉历史陈列馆、大庆铁人纪念馆是全国百家爱国主义教育基地之一。

2. 数个创意产业园区

黑龙江省目前拥有数个国家级文化创意产业园区。其中，哈尔滨太阳岛景区

是哈尔滨市首选景区，年接待游人约一百万人次，江泽民、胡锦涛等曾先后视察过太阳岛。目前太阳岛是国家文化产业示范基地。2006 年在哈尔滨市平房区建立起了全国首个省级动漫产业基地——黑龙江动漫产业发展基地，这标志着“龙江动漫产业”进入新的发展阶段。黑龙江动漫产业基地成立之初到现在，基地入驻企业已经由最初的 8 家增加到 76 家；办公楼由原来的 1 栋扩大到 6 栋；年制作生产动画能力从 2 000 分钟增加到超过 15 000 分钟；招商引资从 1 000 万元增加到 1.61 亿元；创作生产面积由成立时的 5 400 平方米增加到近 4 万平方米；原创作品已经有 6 部在中央电视台播出，4 部作品获国家优秀动画片奖。2008 年基地实现销售收入 6 120 万元，利税 530 万元。其中，展现黑龙江地域文化的《雪娃》中的“雪娃”是哈尔滨冰雪文化的代言人，“龙娃”是黑龙江的旅游代言人。2011 年大庆文化创意产业园被命名为国家级文化产业试验园区，这是黑龙江目前为止唯一的国家级文化产业园区。产业园区重点发展资讯服务、设计服务、现代传媒和动漫游戏、演艺娱乐和文博会展、艺术品创造和交易五大产业。

3. 丰富的教育资源

截止到 2009 年 6 月 19 日，黑龙江有高等院校 70 家，不少高校都开设了旅游管理专业，为黑龙江的旅游发展输送了大批人才。其中，哈尔滨商业大学和东北林业大学更有旅游管理硕士授予权，这为旅游创意人才的培养提供了很好的基础。

二、黑龙江省发展旅游创意产业的瓶颈

1. 缺乏完善的知识产权保护体系

中国在创意产业的知识产权保护过程中，本身就存在很多不足。法律制度不健全、管理主体混乱、企业和个人知识产权保护意识薄弱等都给创意产业发展带来了困扰。对黑龙江旅游创意产业而言，“冰雪旅游”是黑龙江旅游的一大特色，冬季的冰雪大世界创意不断，每年都能给游客带来不一样的惊喜。但是在吉林、辽宁等省相继推出冰雪旅游之后，黑龙江在早期的垄断地位已不复存在，这对黑龙江旅游创意产业来说是一个沉重的打击。要想形成黑龙江旅游创意产业集群，首先要解决的是知识产权的问题。集群能推动旅游创意产业的飞速发展，但是版权的盗取和剽窃则可能导致利润的降低、集群的解体。

2. 创意人才严重匮乏，集群发展后劲不足

人才问题一直是困扰中国旅游产业的一个严重问题，旅游从业人员的素质提不上去，整个旅游行业的质量就会下降，导致顾客满意度降低，产生的直接后果就是旅游业的发展速度减缓，这会影响到旅游创意产业集群的形成。创意产业发展的关键资源就是创意人才。高素质、复合型的旅游创意人才匮乏，严重制约着

旅游创意产业的进一步发展和旅游创意产业集群的形成。因此，大批旅游创意人才是黑龙江旅游创意产业集群形成的关键因素。

3. 集群的集聚效应显现不足

在欧美国家，发展较好的创意产业集群一般是经过长期发展自然形成的，而在中国，主要还是靠政府的推动。旅游创意企业的集聚主要是因为政策的鼓励和优惠条件，但是它们仅仅表现在空间上的集聚，并没有表现出强烈的根植性。旅游创意产业集群内企业关联度不高还有一个原因——旅游资源是公共资源，不具有排他性，所以企业间的竞争大于合作。面对同一旅游资源，各自的旅游创意越新越多，旅游产品越吸引人，能吸引的游客就多，自身的利润就会越高。没有政府的协调统一，各旅游企业就很难进行合作。因此，集群的集聚效应普遍没有表现出来。

第三节　黑龙江省旅游创意产业集群衍生路径选择

旅游业是敏感度很高的行业，它对与其相关的各种影响因素变化反应强烈。所以，政策的变动对旅游业的影响是很大的。在发展初期，旅游创意产业集群需要政府出面将各旅游企业和相关企业聚集到一起，制定共同的旅游发展目标，对旅游资源和旅游产品的规划和开发协调统一。就黑龙江而言，哈尔滨市和牡丹江市的旅游资源最为集中。哈尔滨市的旅游景点有松花江、哈尔滨太阳岛景区、中央大街、斯大林公园和防洪纪念塔，这些景点地理位置相对较为集中，为旅游创意产业集群提供了形成基础。在冬季，松花江附近又可以由冰雪大世界、兆麟公园的冰灯游园会和松花江的“冬泳”运动形成一个相对集中的冬季旅游创意集聚区。阿城是金源文化的发源地，这里金代古城遗址众多，可以形成历史文化的旅游创意产业集群。牡丹江市的镜泊湖、镜泊峡谷、火山口国家森林公园和八女投江遗址等同样能形成旅游创意产业集群。这些都可以通过政府出面引导，将企业集聚到一起，形成一个初步的旅游创意产业集聚区。所以，在黑龙江旅游创意产业集群形成初期，应该采用政府主导型衍生方式。

随着市场经济和旅游产业的进一步发展，旅游创意产业的强劲增长，政府的主导力度会随之减弱，所以，旅游创意产业集群的发展战略就要随之改变。这是因为，政府主导只是一个历史概念，其内涵在不断变化，模式也是随着市场的发展而变化的。所以，政府主导型是阶段性的，需要不断地补充和完善。从发达国家情况看，政府主导也主要是不断动态调整中的主导，是在发展实践中不断完善成熟的主导。正如市场因并非万能的而存在“失灵”现象，政府也同样不可能是万能的。实践证明，政府主导型衍生方式同样具有局限性：一是市场变化会影响旅游政策的有效性和实用性；二是部分政策目标之间可能产生冲突，所以难以达到共赢局面；三是旅游业的涉及面太广；四是部分政策目标内涵较为模糊。

因此，市场主导、政府调控的产业规划衍生方式将成为黑龙江旅游创意产业集群发展的终极模式。而这种在市场核心导向、政府积极参与模式下形成的“龙头+网络”式的旅游创意产业集群，对黑龙江地区旅游创意产业组织结构的变革需求具有较为普遍的适用性，既能实现旅游产业的适度集中，又为集群和旅游创意产业的可持续发展夯实了基础。

第四节　黑龙江省旅游创意产业集群发展对策及建议

针对黑龙江发展旅游创意产业集群的实际情况，结合前面的分析，主要从政府和企业两个角度对黑龙江旅游创意产业集群发展提出以下对策建议。

一、政府层面

从前面的分析可知，黑龙江旅游创意产业集群在形成初期是要经历政府主导这一衍生方式的。那么，政府的支持是黑龙江旅游创意产业集群发展的关键条件。所以，黑龙江应该根据自己的实际情况，对旅游创意产业集群所处的阶段进行分析研究，制定适宜的政策，为黑龙江旅游创意产业集群的发展提供一个完善和积极的政策环境。

旅游创意产业集群的发展环境分为硬件环境和软件环境。政府在硬件环境方面可以开展的工作包括落实黑龙江省的整体规划，改善城市居住环境，加大城市道路、交通和通信等公共设施的建设力度，加快城市供电、供水及排污等基础设施的建设，在公用设施和基础设施方面满足国内外游客的需求等政府的支持重点应落在软环境的建设方面，这主要包括塑造黑龙江旅游创意产业的形象，突出旅游和创意相结合的资源特色，积极探索文化与旅游的结合，充分利用区域文化激发更多旅游创意；制定相应的优惠政策，提供良好的投资环境，扩大黑龙江旅游创意产业集群的招商引资；加大知识保护力度，为黑龙江旅游创意产业提供良好发展的保障；加大教育投入力度，制定条件优越的人才引进政策，为旅游创意产业集群的发展提供一个优越的人才发展环境。

软硬件环境的建设都要求政府作为一个服务型的政府，为黑龙江旅游创意产业集群搭建一个良好的发展平台，为旅游创意产业集群的发展保驾护航。

二、企业层面

企业是产业集群的核心，旅游创意产业集群想要保持持续高效的竞争优势，集群内企业就需要保持并提高自身的竞争能力。获得核心竞争能力是一个艰辛的过程，需要依赖多方面的努力。

企业的创新能力是企业获得竞争力的主要来源，黑龙江旅游创意产业集群要改变以往的价格战，在避免旅游路线单一化、标准化和模式化的基础上，推出多条差异化和互补化明显的旅游路线。集群内企业互相协作，共同将黑龙江旅游产品向结构形式的多样化和旅游内容的多元化发展，并对经营模式、管理方法、营销理念进行创新，推动各领域的差异化发展，共同提高黑龙江旅游创意产业集群的优势竞争力。旅游创意的主要来源还是与当地文化的衔接，要做到旅游产业和创意产业的有机结合，共同发展。旅游是载体，创意因旅游而存在；创意是灵魂，旅游因创意而发展。各旅行社应该在深度挖掘“龙江文化”的基础上进行现代化的创新，将各种旅游资源进行重组以满足旅游者更高更新的旅游需求，开发出新的旅游产品和路线，在创意方面给游客一种全新的体验。在改变旅游业长期以来旅游娱乐活动极度匮乏现状的前提下，打造独具“龙江特色”的旅游线路和旅游活动，通过创意的发展来增加旅游吸引力。同时，集群内部各企业应该加强合作，扩展旅游创意产业链，将创意、旅游产品和市场联系起来，在原有的经济格局基础上，通过对创意、科技和文化的融合，进行再次创造和生产，全面塑造产业发展流程，使旅游创意产业集群能在真正意义上支撑区域经济的增长；打破旅游创意人才的流动限制，为旅游创意人才提供更为广阔的发展平台和职业发展通道，建立公平公正的竞争机制；加强人才交流和创意碰撞，激发旅游创意人才的创作热情和灵感。

第三篇　创意产业集群企业间知识流动研究

创意产业作为现代社会经济发展的朝阳产业，在促进人类精神生活的升级，推动科技进步、城市经济转型及经济全球化方面都起到了重要作用，所产生的巨大经济效益已经为区域经济发展和社会进步带来了前所未有的正面效果。知识流动是在集群化模式、创意迸发、人员流动和企业发展需要等因素的共同影响下发展而来的，它对社会转型、文化传承和城市改造具有积极意义，并能促进创意企业间的合作，增加企业的知识存量和转变知识结构，实现整个集群的协调发展，从而带动区域经济的可持续发展。目前，国内外学者对创意产业集群已有关注，并取得了丰硕的研究成果，但是研究重点只停留在创意产业集群的形成和发展，创意产业集群能带动相关产业进步，转变经济发展方式等理论层面。因此从定量分析入手，对创意产业集群企业间知识流动进行深入分析，无论是从理论方面还是现实方面都对创意产业集群的发展具有一定的指导意义。

第九章　创意产业集群企业间知识流动特征及途径

各国的创意产业以其独特的思维和方式迅速发展，国际上许多地区已成为创意产业集聚的中心，展现出一幅创意产业全球蓬勃发展的景象。

第一节　创意产业集群企业间知识流动相关概念

知识流动（knowledge flow）是知识主体之间、知识主体与外部环境之间的知识信息交流，不仅包括企业内部各个部门、各个员工之间的知识交流，还包括企业与外界的某种知识交流，即企业之间的知识流动。

在创意产业集群内部，知识流动是因不同知识主体（创意企业）之间拥有知识存量的差异性而产生的，知识从某个主体通过生产、获取、组织、传递、共享与创新等途径向另一个主体的扩散和转移，知识流动的过程同时也是创意企业知识创新能力提升的过程。从对象上看，所流动的知识可以是那些与企业现有技术相关性较高的知识，能够产生技术并且作用于生产力的知识的流动（横向流动）；也可以是与企业现有技术相关性较低或是不相关的知识，但能够产生技术并且作用于生产力的知识的流动（纵向流动）。从流动途径上看，包括不通过中介机构等价交换，而是利用非公平性非交易性获取的知识；通过中介机构交易，相对公平获取的知识两种途径。这两种途径相互补充，共同促进着企业间的知识流动。

第二节　创意产业集群企业间知识流动特征

一、隐性知识流动量大

在创意产业集群中，将知识按属性、传递的方式和获取的难易程度分类可以分为隐性知识和显性知识。隐性知识具有模糊性和不可传递性，是集群中最具价值的知识。这种经过创意企业长期积累下来的知识是企业形成核心竞争力的真正源泉。

不同于显性知识，创意产业集群中不容易被复制的隐性知识存在于个体中，由于尚未编码且难以用语言、文字等清晰地表达出来，所以主要通过近距离的知识交互作用产生直接的交流和模仿学习来实现流动。不断产生新创意的创意工作者在熟悉的集群办公环境中较易达到理想的工作状态，通过交流新创意产生大量的隐性知识流出。此外，集群中大量隐性知识流动因其有明显的界限而依赖于恰当的空间距离。

创意产业最终体现在创意产品上的显性知识多为外观设计专利权和著作权，在未得到合法的保护之前容易被抄袭和模仿甚至侵权，因此创意企业在集群内大多通过法律手段或附加性条款来限制显性知识的外流。但这种限制并不能绝对阻断显性知识的流动，借助网络技术平台以低成本、高速度的趋势流动是显性知识流动的新特征。在创意产业集群中，市场运作能力有限的中小型企业的产品推广途径是有限的，因此其显性知识的流动具有明显的边界。

二、知识势差决定知识流动方向

“知识势差”（knowledge potential energy of elevation，记为 ΔU ）刻画的是高知识位势主体和低知识位势主体间的知识落差，它反映了不同知识主体间知识差距的大小，本质上是知识竞争的产物。知识势差的概念属于“比较范畴”，是通过企业间知识水平间相互比较而产生的，比较之后才能确定知识位势较高或较低的企业，知识位势高则意味着企业拥有的知识存量高。知识的高低之差也为知识流动创造了必要条件，零势差（即知识水平相同）说明两个相互对比的知识位势是一样的。值得说明的是，知识势差并非只是相对于两个知识主体所具有的总体知识水平而言的，而是知识主体在某关键知识（或者说是某个特定知识点）水平上的差异。当知识势差较小时，联盟各方无法产生合作意愿，联盟将会解体；当势差仍较大时，知识流动过程进入循环。如图 9-1 所示，知识总是从知识位势高的 A 节点向知识位势低的 B 节点流动。

三、知识流动具有交叉性和价值增值性

创意产业集群内企业间知识的流动不是单向和线性的，其中任何一条知识流动路径上都存在着交叉。知识流动是双主体结构，因为知识在不同类型的企业之间进行流动，同一企业既是知识的供给体又是知识的需求体，知识流动对双重身

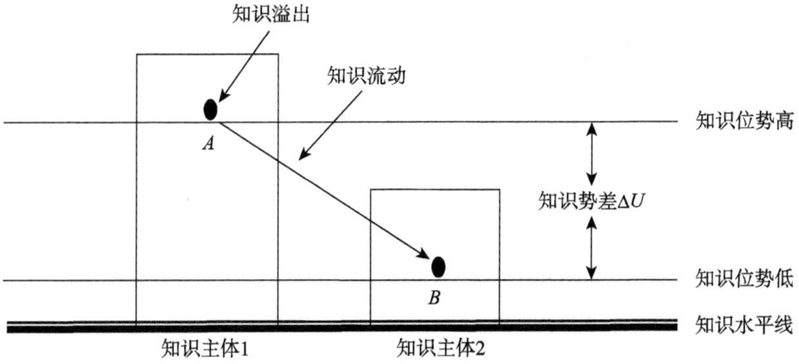

图 9-1　知识流动模型

份的主体来说具有交叉性。

在知识流动过程中，知识的纵向流动和横向流动是相伴发生的，既可以是上下游企业之间进行的知识流动，也可以是处于同一层面的企业之间进行的知识流动。当蕴含了大量价值的知识由一个企业向另一个企业，或由一个阶段向下一个阶段流动时，后续创意企业的创新人员为了获得对所接受知识更深刻的理解，通常采用与企业内的其他人员沟通或是查阅相关文献的方式从企业积累的知识库存中汲取养分。所以，创意产业集群企业间知识流动呈现出的交叉流动和价值增值的现象就产生于新一轮的知识创新和企业知识库存价值增值的过程。图 9-2 为创意产业集群内多个创意企业间的知识流动路径。

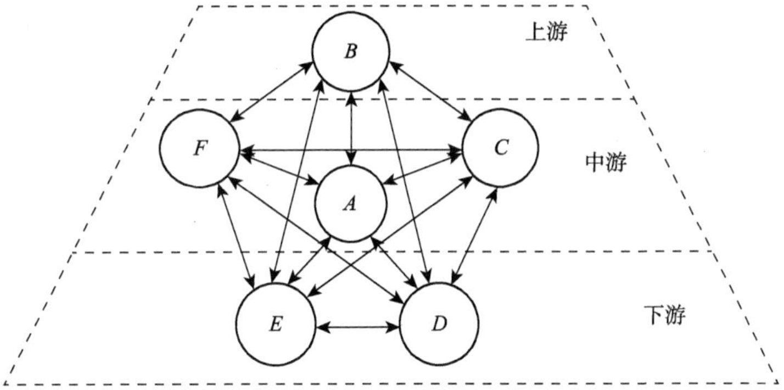

图 9-2　知识流动网状交叉结构

第三节　创意产业集群企业间知识流动途径

重视知识的积累和知识的流动是现代企业要在激烈的市场竞争中立于不败之

地的重要企业战略之一。在知识经济飞速发展的当今社会，极为频繁地流动的知识成为企业创新与改革的重要源泉。因此，对企业之间知识流动途径的研究意义就变得十分重要。

一、通过创意企业间的交流

1. 在创意企业间建立互利合作关系

创意企业之间的互利合作是现代企业普遍追求的一种研发模式，这种包括正式联系或非正式互动关系在内的合作体系成为企业之间交流的纽带，是知识流动最直接、最重要的渠道之一。在众多的合作方式中，互利共赢的合作方式是最有益于创意企业乃至整个集群的发展的，技术开发方面的合作成为最主要的知识流动方式。而技术的开发就需要创意企业人员的广泛交流，交流的方式主要分为两种，即正式接触与非正式接触。与相对明显的正式接触相比，非正式的接触更能够促进知识的流动。而在非正式的接触中，企业之间的非正式接触比企业与科研机构之间的非正式接触对知识流动的促进效果更加明显。

面对激烈的市场竞争，只依靠企业自身知识存量来实现技术开发是不会长久的，企业还需要利用外界的知识源，一方面丰富自身企业的知识存量，另一方面将其应用于新技术或是新产品的开发中，使知识增值。作为研发主体的创意企业，首先要对本行业领先的技术、畅销的产品有很充分的认识，才能以此为基点进行本企业新技术和新产品的开发，如果能从这一高度上升到将企业的管理方法同时更新，则这样的创意企业将会凭借其持久并完善的创新机制在激烈的市场竞争中独占鳌头，成为其他创意企业模仿的标杆。

2. 在创意企业间建立创意联盟

在条件允许的情况下，还可以在两个企业或多个企业之间逐步建立起创意联盟，这种企业间的创意联盟是对合作基础的再一次升级。在创意产业集群内，知识主要是通过企业合作的方式在创意企业之间流动的。这个流动过程是以企业间互信为基础才建立起来的，可以说信任是企业间以合作的方式交流知识的基石。随着合作进程的开展，企业之间的互信程度逐渐提高，建立创意联盟是企业领导人巩固合作基础，进一步深化合作领域的又一方式。这种创意联盟不但可以达到创意知识流动、人员流动的目的，还可以分担联盟内创意企业在某些领域内巨额的开发费用和对生产设备投资的固定成本，减少管理、技术、生产甚至创意岗位的人员开支成本，因优势互补而形成规模经济，达到单个企业无法触及的高度，获得人力资源、技术优势和生产管理相互补的协同效应，这是合作各方知识流动加深所带来的又一个突破。图 9-3 总结了建立创意联盟的优势。

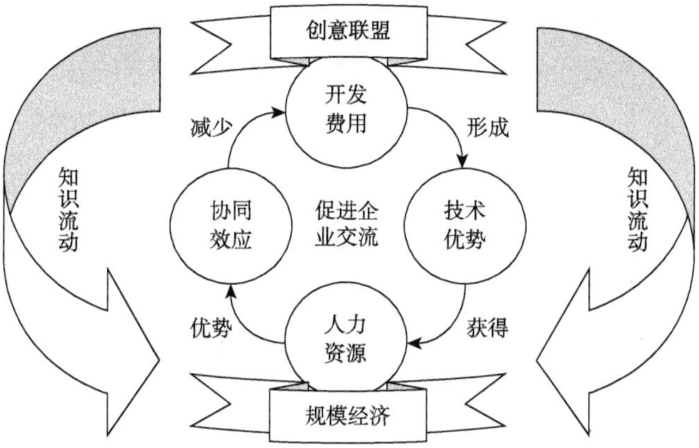

图 9-3　创意联盟优势

二、通过技术设备产品转移

创意企业之间在购买机器设备、生产部件、创意产品的过程无意中会产生知识流动，企业将购买回来的设备、部件和产品融入新技术或新产品的开发又使得所流动的知识其内在价值不断提高。从发达国家创意产业集群的发展来看，技术知识和创意想法的转移对企业乃至整个集群的生产率有积极的影响，创意想法和技术知识的流动与研究开发新产品的投资同等重要，可以说是创意企业生存发展所必须要承担的知识流动成本，这一成本往往与专利权和技术权等知识产权相联系而将它归类为无形成本。集群化对创意产业的发展和知识流动的顺畅都起到了推动性作用。由于创意人员的交流及相似的工作性质和工作环境，比起创意产业外的知识来说，同行业内的知识因为更容易被消化吸收从而更容易流动，产业内技术、生产和研发等秘密也就成为“公开的秘密”了。

发达国家创意产业的发展事实也已经证明，由于地域相邻这一优势所带来的物质扩散效应，集群内企业间的接触更为频繁，知识和技术的流动要明显快于非产业集群内的企业。每个创意企业其技术学习、知识吸收和消化的效率很大一部分依赖于创意企业本身的知识识别、吸收、同化和利用的能力。而这一过程背后最具价值的结果就是，创意知识通过技术、设备、创意产品等物质载体的转移而扩散到集群内的其他创意企业，知识接收主体可以通过研究学习、消化吸收和模仿复制的方式以较小的成本掌握技术、设备和创意产品上所附着的知识，并在此基础上融合企业自身的发展战略和企业特点进行二次创新，将其完全转变为企业自身知识存量的一部分，改变自己的知识地位并再次将知识流动给集群内的其他创意企业，使自己从知识接收主体变成知识供给主体，为企业带来更多的经济利益并提高自身的创新实力，最终实现创新成果的经济效用最大化。

在创意产业集群内，创意企业有着相同或类似的产业文化、行为方式和创意研发轨道，以及集群内安静舒适的休息区。高质量的服务区和完善的网络结构也为创意人员的沟通和交流提供了多种多样的联系渠道，解读接收的技术、设备、部件和产品上的知识都可以在这里找到灵感，这使集群内的创意企业普遍具备了相对较强的知识吸收、理解、再应用和再创新的能力，为知识流动提供了丰富的主体资源，从而大大提高了创意产业集群内知识的流动效率。

三、通过创意人才的沟通与流动

知识的流动是在人这一物质载体将信息从知识供给主体传递给知识需求主体的过程中形成的。在产业集群内，由于人员的流动成本相对较低，所以各个创意企业间的创意人员或技术人员的流动较大，创意人才所携带的专业技能、研发经验和创新意识等知识是其个人素质的一部分，个人素质不可能游离于人这一载体之外而单独存在，人员的流动就必然会带来包括创意知识在内的个人素质的流动，从而引起了知识的流动。由于集群内企业相邻这一优势，集群内人才流动的交易成本和转制成本要低于集群外，因此创意产业集群内人员的流动一般要快于产业集群外，这主要是因为产业集群拥有庞大的物理容量的特殊性质。创意人才同创意企业一样也存在知识存量，不同创意人才的知识存量存在着高低之分，也就是前面所提到的知识“势差”，集群庞大的环境为企业之间的人员无论是项目合作还是生活私交都提供了优越的物质条件，这就为知识在知识势差作用下的顺势流动提供了媒介，每个创意人才都能在集群的环境中从其他创意人才那里吸取到对自己有用的意会知识，吸收到知识的创意人才又将其融入本企业的知识宝库，又或是签约到其他创意企业而丰富了其他企业的知识存量，这就是通过人员的沟通与流动来实现的知识流动，这一过程同样也会因为创意人员知识的吸收和表达能力的不同而影响到知识流动的效果。

据发达国家的相关调查研究表明，高职能和高技术人员的流动有助于提高整体劳动力水平。一个拥有专业知识和技能的人员从一个创意企业流动到集群内的另外一个企业，并将这种知识和技能以转化为现实生产力的形式传播给后来的企业，其反映形式就是新产品的生产和新工艺的制造。企业所取得的明显的经济效益从某种意义上也可以反映这一点。

随着市场经济的发展和劳动力市场的逐渐完善，创意产业集群内专业人才市场的存在及人才市场信息在一个相对狭窄的地域内迅速传播，强大的网络基础又成为这一信息传播的助推器，降低了创意人才与创意企业间的搜索成本或交易成本。同时，创意人才有着相似的集群文化、知识背景和工作经验，从而可以在短时间内迅速地投入新工作，因此这些人才在创意产业集群内的流动将会更少地遇到来自接收企业文化方面的抵制，较低的调整和适应成本也使创意人才不疲于以流动的方式寻找更适合自身发展的企业，这些都有利于创意人才在创意企业间的流动。集群内拥有雄厚资金和技术及良好声誉的创意企业通常是人才的流入地，这些优秀的企业凭借给创意人才提供良好的培养体系和巨大的发展空间这些优势吸引更多的其他领域的优秀人才到创意企业中工作。知识借助这些优秀人才在创意产业集群内频繁的流动而变得活跃起来，这表现为知识在集群内的顺畅流动。

四、通过广泛的市场调查

知识的流动和集群内网络设施的条件是密不可分的，通过优化网络结构来实现网络顺利而流畅的运作成为知识流动的又一条途径。创意产业的发展仅依靠庞大的资金投入和高知识人员的智慧是不足以支撑一个产业长远发展的，还需要一个适宜发展的稳定环境。网络作为当今社会最便捷、最经济也是最重要的联系工具，其重要作用好比集群内的道路一样将各个创意企业连接在一起。

随着网络技术的发展，在拥有完善的网络结构的创意产业集群中，创意企业都相继建立了互联网，以抢占信息资源位置为目的而建立了自己的主页，各企业在充分利用互联网强大功能来扩大企业知名度和影响力的同时，还可以借助网络征询客户、发布信息，访问其他企业的主页来获取新技术、新工艺和新产品的相关信息，通过向消费者或其他相关人员发放问卷调查的方式和登录其他企业网站的方式都可以搜集到需要的信息，这两种方式从广义上都可以称之为市场调查。

第一，某个创意企业将研制和开发的新技术、新工艺和新产品投放到市场，集群内或是集群外其他的创意企业可以通过市场上销售这种产品的反响来了解该产品的知识含量及此类产品生产领域的相关技术水平，如果反响较好就可以对照并吸取该创意企业的优点，将吸收来的新知识用于加大自身新产品的技术创新。此外，还可以通过对市场上同类产品销售信息的调查来预测产品未来的发展趋势，从而提高该企业在产品投放市场方面的竞争优势，为企业的持续发展带来生机和活力。

第二，创意企业可以通过向产品的用户、供应商和销售商投放问卷的方式，向他们咨询有关新产品在设计、生产及销售渠道方面的建议，还可以调查出市场上其他创意企业生产的相类似产品的特点和销售情况，发现并改正本企业产品的不足，这将有利于企业提高新产品的竞争优势。任何创意企业都能够通过网络查询到其他创意企业的信息，发放问卷调查则更适合于同一集群内的创意企业获取信息，这种凭借市场调查传递信息的方法也是知识流动的一种方式。

第十章　创意产业集群间知识流动影响因素分析

创意产业集群的知识流动是集群竞争力形成的动力，是创意产品价值增值的实现条件。在创意产业集群内部，知识的流动受很多因素的影响，在总结了创意产业集群企业间知识流动的特征和流动途径的基础上，下面主要从知识流动主体、知识属性、环境和主体间亲密度四个角度对创意产业集群企业间知识流动影响因素进行分析。

第一节　主体因素对创意产业集群间知识流动的影响

知识的流动主体分为供给主体和接收主体，它们分别是知识流动的两个端点，供给主体把握着知识流动的开端，接收主体掌控着知识流动的结束，二者对知识的顺利流动都起着至关重要的作用。

一、知识供给主体对知识流动的影响

知识供给主体（又称知识发送方、知识源）主要受知识供给主体的流动意愿和传送能力等性质影响。知识供给主体的知识流动意愿、知识传送能力及在知识流动中的受益程度对知识流动起重要影响。

1. 知识流动意愿

知识流动意愿是指创意产业集群中知识供给主体是否愿意将自己的知识、创意构想等传授给创意产业集群中其他知识接收主体的一种意愿，其影响因素包括主体的转移意向、保护意识等多种主观因素。为了在集群内长久地发展下去，作为创意企业赢得竞争优势的关键要素，知识通常被创意企业保护起来，拥有知识的创意企业是否愿意将其转移是知识能否流动的前提。保护意识的强

弱决定转移意愿的强弱，这是知识供给企业对其知识泄露担心程度的外在表现，这种担心程度的高低直接作用于传授意向，知识流动速度的快慢也将受到间接影响。

2. 知识传送能力

知识供给主体的传送能力包括知识供给主体的动机和知识的传递与表达的能力。这种能力将在知识流动这个复杂的过程中影响知识流动的速度和效率。知识传送能力对显性知识流动和隐性知识流动的影响方式不同。知识供给主体的沟通、编码和表达能力会通过影响知识的编码和表达的过程而直接影响显性知识流动的效果。而隐性知识因为其难以编码和表达，往往需要借助图像、表格、文字或者隐含意义，使接收主体理解和接受这种隐性知识，此时知识供给主体对知识的准确表述能力将影响接收主体对知识的理解和掌握。因此，知识供给主体的传送能力越强，知识流动过程越顺利。

3. 知识流动收益

在物质的社会里，出于竞争、利益或者其他目的，绝大多数知识供给主体都希望以获取相应利益为分享知识的前提，它们不愿意无偿分享其持有的宝贵知识，而且会用包括金钱、名誉、合作利益等在内的许多物质指标来衡量知识流动的收益。当知识流动的收益小于知识供给主体的预期时，供给主体将不愿意把蕴含大量价值的知识传递给其他企业。

因此提出假设：

H_1：知识供给主体对创意产业集群企业间知识流动有显著影响。

二、知识接收主体对知识流动的影响

知识接收主体（又称知识需求方、知识受体）通常是指一些拥有知识相对落后的创意企业。知识接收主体吸收知识的能力、成本等因素同样影响知识流动的速度和效果。

1. 知识吸收能力

知识吸收能力是指知识接收主体进行知识的识别、筛选、运用和再创造的动态能力。如果知识接收主体不注重企业在日常经营中的知识积累，则企业先期数据库中拥有的相关知识存量不足将造成知识黏滞，会降低企业的知识获取、同化与应用新知识的能力，进而阻碍知识流动。知识接收主体的吸收能力对知识流动的效果有着十分显著的影响，吸收能力越高，企业接收和理解知识的效果越好，知识流动过程的阻碍就越小。

2. 知识流动成本

知识具有价值这一特征使企业之间知识的流动通常伴随有较高的交易费用，这种定价购买的过程阻碍了企业间知识流动的效率。正因为存在知识流动成本，知识在不同主体间流动所支付的代价也成为衡量知识价值的一个重要指标。从经济学的角度考虑，当创意企业吸收某项并未采用或理解的知识所获得的收益大于在知识流动过程中所支付的购买、学习、培训和复制的成本时，知识的流动就是有利可图的，知识接收主体就会主动承担流动成本去追求这些知识，知识流动也就发生了。改进知识流动过程，促进知识流动，能够有效降低知识的流动成本。

3. 知识流动意识

知识流动意识，即知识接收主体是否存在明确的战略意图，该战略意图使知识接收主体从知识源汲取知识并将其转化为自身企业的有利资源，从而获得持久发展的竞争优势。知识接收企业内的参与人员吸收知识的主动程度是知识流动意识的主要衡量指标。企业对知识的需求程度及所接收的知识与企业现有知识存量的匹配程度对知识流动的力度和频率具有显著影响。一般说来，知识接收主体的知识吸收意识越淡薄，其对待知识的重视程度就会越低，知识会因主体的惰性而难以流动。

因此提出假设：

H_2：知识接收主体对创意产业集群企业间知识流动有显著影响。

第二节　知识属性对知识流动的影响

知识是具有一定价值和可信度的、积累的、格式化的信息，是真理、信念、观点和观念、判断和期望、方法和诀窍。知识的属性影响知识流动效率，作为不同知识类型的隐性知识与显性知识有着不同的流动渠道，二者在空间上的流动效率存在明显差异。以竞争性和排他性为特点的保密性知识同公共知识之间的流动途径和效率也有着明显的不同。知识通常从知识存量高者流向知识存量低者。

一、差异性

知识与个体、经济和社会有着密切关系。知识的意会性和环境依存性造成了知识流动的地域性和黏滞性，使知识特别是隐性知识流动的边际成本随距离递增，从根本上制约了知识的跨情境传输和转译。如果两个创意企业之间所拥有知识的差异性较大，即彼此之间知识的相容及互补性较小，那么知识流动的成本将会随着协调知识之间的差异而增大，知识接收主体因不愿意承担额外的知识流动成本而阻碍了知识流动的发生。

二、可理解性

知识相对于知识接收主体的可理解性是知识能否充分流动的决定因素之一。当所流动的知识与知识接收主体的需求结构、价值观、信仰、经验及企业现有的知识存量相适应或较为接近时，基于知识的匹配性，知识接收主体就更容易理解知识中所蕴含的深层含义，更容易被迅速应用，并能在实际应用中结合自身企业的特质，使知识更具自身特色。

三、可增值性

知识的可增值性表现在知识可以反复使用这一特性上，在使用过程中不会因为时间、地点的改变和使用次数的频繁而发生有形的损失。知识具有无成本或低成本地向各种领域扩散转移的能力，可以为经济、科技、社会等各方面的发展提供无限动力。知识接收主体需要将流动过程中接收到的知识与自身的企业文化、价值观及企业知识存量中的可用创意相结合，使知识在同化整合之后更具特质与价值，这正是知识与接收主体融合后价值增值的体现。

因此提出假设：

H_3：知识属性对创意产业集群企业间知识流动有显著影响。

同时可以看出，知识属性对知识接收主体的流动成本和吸收能力都有影响。

因此提出假设：

H_4：知识属性对知识流动接收主体有显著影响。

第三节　环境因素对知识流动的影响

除流动主体和知识属性因素外，知识所处环境（包括集群内与集群外）也是影响知识流动的重要因素。

一、政策环境

从普遍范围来看，中国的创意产业集群基本上属于由政府主导、优惠政策扶持建立的公司制企业。在建立初期，政府一系列优惠措施吸引了国内外的投资商及创意人才，政府行为和政策环境对创意产业集群的形成与发展及集群内企业间的知识流动作用非常明显，可以说在创意产业集群形成的初始阶段及成长阶段起到主导性的作用。积极、开放和宽松的政府政策对知识流动和知识创新的鼓励和支持往往是其外在的表现形式，直接影响知识供给主体的知识流动意愿，而且也在一定程度上培养接收主体的知识流动意识。

二、公共环境

许多创意灵感的产生是通过交流实现的，公共区域为创意灵感的产生和交流提供了方便的平台，因此公共环境成为创意产业集群企业间显性知识和隐性知识流动的重要场所。这个公共场所的地理位置、公共设施、公共活动区域、集群内通信与网络设施等硬件基础都会影响知识流动的速度和效率。公共环境的好坏也会影响到知识流动的交易价格的高低，因而公共环境也是知识流动意愿及流动成本的重要影响因素之一。

三、文化环境

文化环境是影响创意企业间知识流动的重要因素，创意企业之间的合作中遇到的很多问题通常是由文化差异引起的冲突和误解，常常会导致知识流动不畅和流动效率下降。在知识经济时代，全体公民应该充分认识到知识的价值和意义，这不仅依赖于“尊重知识，尊重人才”的社会文化氛围，还要求给创意产业提供必不可少并且行之有效的知识创造和流动的激励机制。

因此提出假设：

H_5：环境因素对创意产业集群企业间知识流动有显著影响。

同时，通过以上分析可以看出，环境因素对知识流动供给主体的流动意愿和知识流动接收主体的流动意识与成本都有影响。

因此提出假设：

H_6：环境因素对知识流动供给主体有显著影响。

H_7：环境因素对知识流动接收主体有显著影响。

第四节　主体间亲密度对知识流动的影响

知识流动出现在创意企业之间正式或非正式的相互联系与接触中，以这种相互联系与接触为基础，才能促进创意企业间的交流与合作，而合作是企业之间关系健康发展最为互利的表现形式，互利合作又进一步强化了相互关系，增强了网络组织的吸引力与凝聚力。

一、流动主体的信用状况

知识流动主体之间需要建立起相互约束的强联结关系才能保证彼此间的相互信任，借助建立相应的规范制度，加上企业的自我约束力和企业之间的社会情感等，并通过企业间长期、重复和持续的合作关系，使创意企业之间建立了坚实的信用基础。良好的信用关系能培育企业间知识流动的意愿，甚至降低知识流动的成本，提高获得收益的稳定性。在企业间形成知识流动意识、动力、观念，这会提高集群内创意企业间的深度沟通和有价值知识的交换。创意产业集群内部企业之间形成的信任关系是企业间知识稳定持久流动的催化剂，强化了主体间的相互认同程度，有利于主体间知识的流动。

二、流动主体的相关性

由于社会分工的高度专业化，知识供给与接收主体间在知识存量、研发人员结构和企业文化等方面存在差异。创意企业在长期经营过程中都力求积累并建立一套体现企业特有历史文化底蕴的核心知识体系，这套体系以技能和经验为基础，在某项或多项业务领域内独树一帜，难以被竞争对手模仿和超越。因此，创意企业之间的知识体系交互性越大，知识流动的速度将更快，成本更低，知识流动的意愿越强烈，需求越旺盛。知识的交叉融合与创新将随着合作可能性的增加而更为明显，同样促进着知识的增值。

因此提出假设：

H_8：主体间亲密度对创意产业集群企业间知识流动有显著影响。

同时可以看出，主体间的亲密度对知识流动供给主体的流动意愿和知识接收主体的流动成本都有影响。

因此提出假设：

H_9：主体间亲密度对知识流动供给主体有显著影响。

H_{10}：主体间亲密度对知识流动接收主体有显著影响。

本书对创意产业集群企业间知识流动影响因素假设做出总结。

H_1：知识供给主体对创意产业集群企业间知识流动有显著影响。

H_2：知识接收主体对创意产业集群企业间知识流动有显著影响。

H_3：知识属性对创意产业集群企业间知识流动有显著影响。

H_4：知识属性对知识流动接收主体有显著影响。

H_5：环境因素对创意产业集群企业间知识流动有显著影响。

H_6：环境因素对知识流动供给主体有显著影响。

H_7：环境因素对知识流动接收主体有显著影响。

H_8：主体间亲密度对创意产业集群企业间知识流动有显著影响。

H_9：主体间亲密度对知识流动供给主体有显著影响。

H_{10}：主体间亲密度对知识流动接收主体有显著影响。

综合以上分析，构建创意产业集群企业间知识流动假设逻辑模型，如图 10-1 所示。

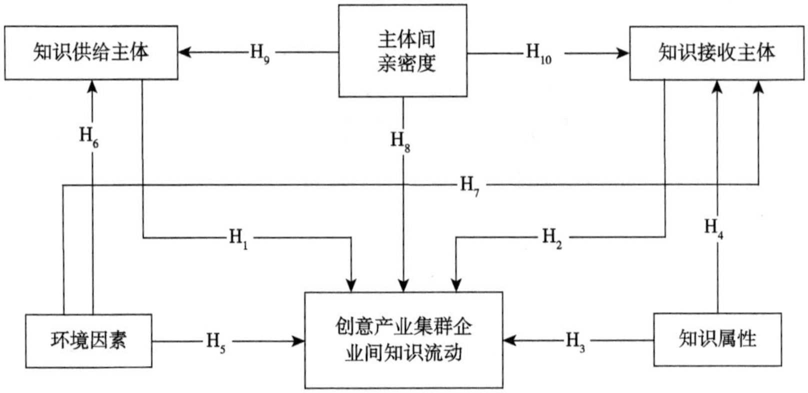

图 10-1　知识流动影响因素逻辑模型

第十一章　创意产业集群企业间知识流动影响因素结构方程分析

本章主要是应用结构方程方法，对影响因素的10个假设构建结构方程模型（structure equation model，SEM），将创意企业之间知识流动的影响因素模型化，分析各影响因素之间的内在联系。

第一节　结构方程模型的构建

根据第三章对知识流动影响因素的分析，在创意产业集群内，总结企业间知识流动影响因素、测量指标及假设，如表11-1所示。

表11-1　知识流动影响因素、测量指标及假设

影响因素	测量标识	假设
知识供给主体（η_1）	知识流动意愿（y_1）	H_1：知识供给主体对创意产业集群企业间知识流动有显著影响
	知识传送能力（y_2）	
	知识流动收益（y_3）	
知识接收主体（η_2）	知识吸收能力（y_4）	H_2：知识接收主体对创意产业集群企业间知识流动有显著影响
	知识流动成本（y_5）	
	知识流动意识（y_6）	
知识属性（ξ_1）	差异性（X_1）	H_3：知识属性对创意产业集群企业间知识流动有显著影响 H_4：知识属性对知识流动接收主体有显著影响
	可理解性（X_2）	
	可增值性（X_3）	
环境因素（ξ_2）	政策环境（X_4）	H_5：环境因素对创意产业集群企业间知识流动有显著影响 H_6：环境因素对知识流动供给主体有显著影响 H_7：环境因素对知识流动接收主体有显著影响
	公共环境（X_5）	
	文化环境（X_6）	
主体间亲密度（ξ_3）	流动主体的信用状况（X_7）	H_8：主体间亲密度对创意产业集群企业间知识流动有显著影响 H_9：主体间亲密度对知识流动供给主体有显著影响 H_{10}：主体间亲密度对知识流动接收主体有显著影响
	流动主体的相关性（X_8）	

一、方程表达

根据以上对创意产业集群企业间知识流动影响因素的分析，影响因素的 SEM 如图 11-1 所示。

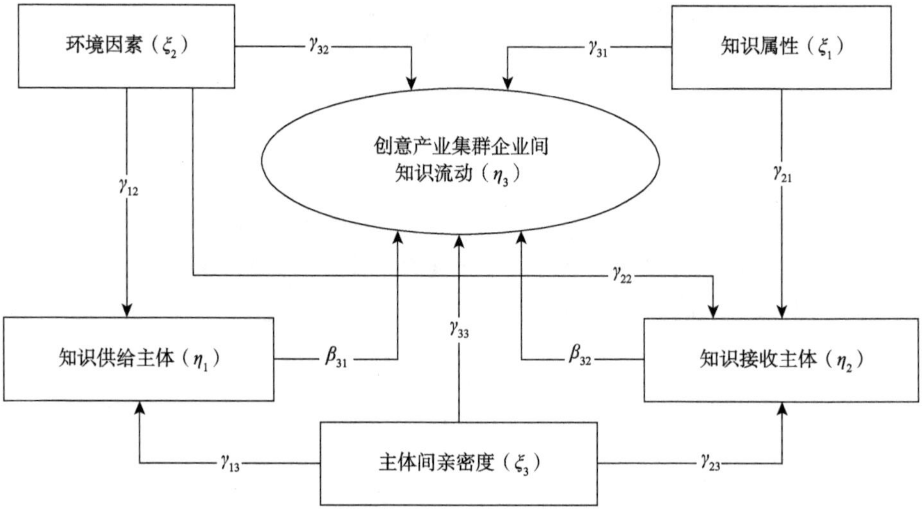

图 11-1　知识流动影响因素的 SEM

图 11-1 中共有三个内生潜变量：知识供给主体（η_1）、知识接收主体（η_2）和创意产业集群企业间知识流动（η_3）；三个外源潜变量：知识属性（ξ_1）、环境因素（ξ_2）和主体间亲密度（ξ_3）。其中，γ 为外源潜变量 ξ 的路径系数，β 为内生潜变量 η 的路径系数。

代入潜变量之间的结构方程为

$$\eta = B\eta + \Gamma\xi + \zeta \tag{11-1}$$

其中，η 表示内生潜变量；ξ 表示外源潜变量；B 表示内生潜变量之间的关系；Γ 表示外源潜变量与内生潜变量之间的关系；ζ 是指残差项。

还可以用矩阵来更加详细地表达结构方程各潜变量之间的关系，方程（11-1）的矩阵表达为

$$\begin{pmatrix}\eta_1\\ \eta_2\\ \eta_3\end{pmatrix}=\begin{pmatrix}0 & 0 & 0\\ 0 & 0 & 0\\ \beta_{31} & \beta_{32} & 0\end{pmatrix}\begin{pmatrix}\eta_1\\ \eta_2\\ \eta_3\end{pmatrix}+\begin{pmatrix}0 & \gamma_{12} & \gamma_{13}\\ \gamma_{21} & \gamma_{22} & \gamma_{23}\\ \gamma_{31} & \gamma_{32} & \gamma_{33}\end{pmatrix}\begin{pmatrix}\xi_1\\ \xi_2\\ \xi_3\end{pmatrix}+\begin{pmatrix}\zeta_1\\ \zeta_2\\ \zeta_3\end{pmatrix} \tag{11-2}$$

再将潜变量与测量变量之间的关系用测量方程表示。

X 的测量方程为

$$\boldsymbol{X}=\boldsymbol{\Lambda}_x\boldsymbol{\xi}+\boldsymbol{\delta} \tag{11-3}$$

Y 的测量方程为

$$\boldsymbol{Y}=\boldsymbol{\Lambda}_y\boldsymbol{\eta}+\boldsymbol{\varepsilon} \tag{11-4}$$

其中，***X*** 表示外源标识组成的向量：差异性（X_1）、可理解性（X_2）、可增值性（X_3）、政策环境（X_4）、公共环境（X_5）、文化环境（X_6）、流动主体的信用状况（X_7）、流动主体的相关性（X_8）；***Y*** 表示内生标识组成的向量：知识流动意愿（y_1）、知识传送能力（y_2）、知识流动收益（y_3）、知识吸收能力（y_4）、知识流动成本（y_5）、知识流动意识（y_6）；$\boldsymbol{\Lambda}_X$ 表示外源标识在外源潜变量上的因子负荷矩阵；$\boldsymbol{\Lambda}_y$ 表示内生标识在内生潜变量上的因子符合矩阵；$\boldsymbol{\delta}$ 是指外源标识 ***X*** 的误差项；$\boldsymbol{\varepsilon}$ 则指内生标识 *Y* 的误差项。以上模型需满足以下条件：$\boldsymbol{\zeta}$ 与 $\boldsymbol{\xi}$ 不相关；$\boldsymbol{\delta}$ 与 $\boldsymbol{\xi}$ 不相关；$\boldsymbol{\varepsilon}$ 与 $\boldsymbol{\eta}$ 不相关；$\boldsymbol{\zeta}$、$\boldsymbol{\delta}$ 和 $\boldsymbol{\varepsilon}$ 互不相关。

同样，也可以用矩阵来更加详细地表达结构方程各潜变量与观测变量之间的关系。

X 的测量方程的矩阵表达为

$$\begin{pmatrix} X_1\\ X_2\\ X_3\\ X_4\\ X_5\\ X_6\\ X_7\\ X_8 \end{pmatrix}=\begin{pmatrix} 1 & 0 & 0\\ \lambda_{X_{21}} & 0 & 0\\ \lambda_{X_{31}} & 0 & 0\\ 0 & 1 & 0\\ 0 & \lambda_{X_{52}} & 0\\ 0 & \lambda_{X_{62}} & 0\\ 0 & 0 & 1\\ 0 & 0 & \lambda_{X_{83}} \end{pmatrix}\begin{pmatrix} \xi_1\\ \xi_2\\ \xi_3 \end{pmatrix}+\begin{pmatrix} \delta_1\\ \delta_2\\ \delta_3\\ \delta_4\\ \delta_5\\ \delta_6\\ \delta_7\\ \delta_8 \end{pmatrix} \tag{11-5}$$

Y 的测量方程的矩阵表达为

$$\begin{pmatrix} y_1\\ y_2\\ y_3\\ y_4\\ y_5\\ y_6 \end{pmatrix}=\begin{pmatrix} 1 & 0\\ \lambda_{y_{21}} & 0\\ \lambda_{y_{31}} & 0\\ 0 & 1\\ 0 & \lambda_{y_{52}}\\ 0 & \lambda_{y_{62}} \end{pmatrix}\begin{pmatrix} \eta_1\\ \eta_2 \end{pmatrix}+\begin{pmatrix} \varepsilon_1\\ \varepsilon_2\\ \varepsilon_3\\ \varepsilon_4\\ \varepsilon_5\\ \varepsilon_6 \end{pmatrix} \tag{11-6}$$

其中，λ_X 为标识 ***X*** 与外源潜变量 $\boldsymbol{\xi}$ 之间的因子负载，λ_y 为标识 ***Y*** 与内生潜变量 $\boldsymbol{\eta}$ 之间的因子负载。

二、路径分析

图 11-2 为创意产业集群内，企业间知识流动影响因素 SEM 路径图。

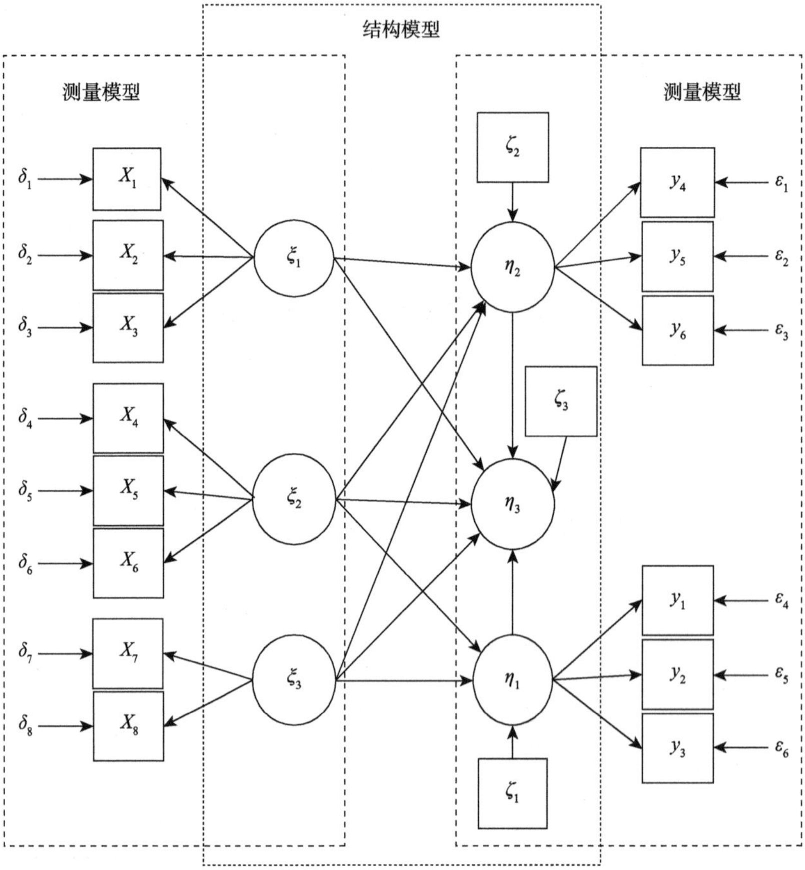

图 11-2　知识流动影响因素 SEM 路径图

第二节　模型的样本选取及分析

一、样本选取

数据的收集采用问卷调查形式，为了保证问卷的可靠性，问卷设计采用利克特五级量表法，1 代表完全不同意，5 代表完全同意。以纸质问卷和网络问卷两种方式，由哈尔滨师范大学的艺术及数字媒体技术专业的学生向黑龙江省哈尔滨新媒体创意产业集群内的工作人员发放问卷调查 300 份，回收 262 份，去掉其中残缺不全或雷同的试卷，其中有效回收的问卷 219 份，有效回收率为 73%。样本统计分析如表 11-2 所示。

表11-2　样本统计分析

所属行业	样本量	百分比/%
动漫业	53	24.201
服装设计业	21	9.589
装潢设计业	64	29.224
广告业	59	26.940
其他	22	10.046

二、样本的信度和效度分析

在本书的研究中，选用 Cronbach's α 系数法衡量数据的内在一致性信度，判断标准为：α 值大于 0.7 表示内部一致性高，小于 0.35 表示内部一致性低。信度系数越高，信度就越高。本书利用 SPSS 软件进行因子分析，得出测量标识对各潜变量的作用，标准为各项的因子负载值均大于 0.5。

由表 11-3 中的分析数据可知，研究变量的 Cronbach's α 系数值均达到 0.7 以上，可以认定样本数据各研究变量的测量问题都具有较好的信度。各测量标识的因子载荷值均大于 0.5，因此说明所采用的量表具有很好的构建效度。

表11-3　信度与效度统计表

影响因素	测量标识	Cronbach's α 系数	因子负载	测量误差
知识供给主体（η_1）	知识流动意愿（y_1）	0.755	0.872	0.21
	知识传送能力（y_2）		0.799	0.24
	知识流动收益（y_3）		0.786	0.25
知识接收主体（η_2）	知识吸收能力（y_4）	0.737	0.820	0.28
	知识流动成本（y_5）		0.841	0.21
	知识流动意识（y_6）		0.769	0.33
知识属性（ξ_1）	差异性（X_1）	0.794	0.828	0.25
	可理解性（X_2）		0.865	0.17
	可增值性（X_3）		0.832	0.23
环境因素（ξ_2）	政策环境（X_4）	0.857	0.898	0.32
	公共环境（X_5）		0.918	0.26
	文化环境（X_6）		0.834	0.27
主体间亲密度（ξ_3）	流动主体的信用状况（X_7）	0.884	0.890	0.23
	流动主体的相关性（X_8）		0.926	0.25

如表 11-4 所示，这些指标均达到了可接受的范围，说明该结构方程模型拟合较好，对创意产业集群企业间知识流动影响因素的模型统计是可以接受的。

表11-4 模型拟合度统计表

指标	评价标准	数值	拟合评价
卡方值/自由度（CMIN/DF）	一般指标应小于 5	3.84	模型可以接受
拟合优度指数（GFI）	该指标取值范围在 [0,1] 之间，越接近 1 越好	0.723 6	模型可以接受
规范拟合指数（NFI）	该指标取值范围在 [0,1] 之间，越接近 1 越好	0.745 3	模型可以接受
增加拟合指数（IFI）	该指标取值范围在 [0,1] 之间，越接近 1 越好	0.714 5	模型可以接受
比较拟合指数（CFI）	该指标取值范围在 [0,1] 之间，越接近 1 越好	0.845 6	模型可以接受
近似误差的均方根（RMSEA）	该指标低于 0.1 表示好的拟合，低于 0.05 表示非常好的拟合，低于 0.01 表示非常出色的拟合	0.079 54	好的拟合

第三节 样本的检验结果及分析

一、样本的检验结果

本书借助 SPSS 软件对模型进行运算，在对数据进行标准化处理后，得出外源潜变量对内生潜在变量影响的路径系数，检验标准为 P 值小于 0.05，得出表 11-5 的理论模型路径检验结果。

表11-5 路径系数表

假设	路径系数 γ	P 值	检验结果
H_1：知识供给主体对创意产业集群企业间知识流动有显著影响	0.592	0.003	假设成立
H_2：知识接收主体对创意产业集群企业间知识流动有显著影响	0.530	0.012	假设成立
H_3：知识属性对创意产业集群企业间知识流动有显著影响	0.501	0.016	假设成立
H_4：知识属性对知识流动接收主体有显著影响	0.534	0.027	假设成立
H_5：环境因素对创意产业集群企业间知识流动有显著影响	0.654	0.005	假设成立
H_6：环境因素对知识流动供给主体有显著影响	0.598	0.013	假设成立
H_7：环境因素对知识流动接收主体有显著影响	0.569	0.018	假设成立
H_8：主体间亲密度对创意产业集群企业间知识流动有显著影响	0.693	0.001	假设成立
H_9：主体间亲密度对知识流动供给主体有显著影响	0.575	0.009	假设成立
H_{10}：主体间亲密度对知识流动接收主体有显著影响	0.561	0.017	假设成立

由表 11-5 的检测结果可知，模型的 10 个假设全部成立，知识的供给主体和接收主体、知识属性、环境因素及主体间的亲密度全部都对创意产业集群企业间知识流动有显著影响。

二、样本结果分析

由表 11-5 可以看出，模型中的假设全部成立，并且分析路径系数 γ 可以得出以下结论。

（1）对创意产业集群企业间知识流动影响最大的是流动主体间的亲密度，路径系数为 0.693。创意企业间越亲密、互惠程度越高、交往越频繁及双方在组织文化等情境方面越相似，创意企业之间知识流动的可能性和能力越大。其中，流动主体间的亲密度对知识流动供给主体的影响更加显著，路径系数为 0.575。

（2）环境因素对创意产业集群企业间知识流动的影响位列第二位，路径系数为 0.654。在创意产业集群内，良好的政策环境和公共环境可以为创意企业间的知识流动创造更好的条件，有助于创意企业间形成交换知识的企业文化。其中，环境因素对知识流动供给主体的影响更加显著，路径系数为 0.598。

（3）知识属性对创意产业集群企业间知识流动的影响不够明显，路径系数为 0.501。表明知识属性虽然对创意产业集群企业间知识流动具有一定影响，但没有其他影响因素作用强。而知识属性对知识流动接收主体的影响略微显著一些，路径系数为 0.534。但尽管如此，知识属性对创意产业集群企业间知识流动的影响依然不能忽视。

（4）知识流动供给主体和接收主体对创意产业集群企业间知识流动都有影响，其中，知识流动供给主体对创意产业集群企业间知识流动的影响更加显著，路径系数为 0.592。可以说，知识流动供给主体掌握了知识流动的主动权，在知识流动谈判过程中有更多的话语权，对知识流动的影响要大于知识流动接收主体。

第十二章　长沙市动漫产业集群知识流动案例分析

在国家“十二五”文化发展纲要中，动漫产业位于文化产业发展的九大重点之列，诸多国内城市的动漫产业已经成为城市经济新的增长点，国内动漫产业正在如火如荼地发展，前进步伐正逐步加快。

第一节　长沙市动漫产业集群企业间知识流动概况

在我国，北京、上海、长沙等地作为城市创意产业的领军城市，动漫产业正在蓬勃发展，已建立了一批具有开创意义的创意产业基地、创意产业园区，并形成了集聚区，呈现集群的现象。

一、长沙市动漫产业集群发展现状

动漫产业是朝阳产业，虽然有一些城市已经走在了动漫产业发展的前列，但是整体动漫产业的发展水平还比较落后，有些城市甚至存在这块领域的空白。然而，历史悠久、人口众多的湖南省，却已然形成了初具规模的动漫产业体系。作为湖南的省会城市，有着“星城”美称的长沙，自然成了湖南省动漫产业的领头羊和集中地。长沙的三大动漫产业集群分别坐落在河西的麓谷工业园、金鹰卡通科技工业园和金鹰影视文化城。目前，长沙拥有 300 余家动漫工作室，2 万多动漫产业从业人员，全国动漫节目总量的 35%都来自长沙。“蓝猫”和“虹猫蓝兔”等卡通形象红遍全国。长沙的动漫产业为我国动漫产业乃至创意产业的蓬勃发展发挥了重要作用。

二、长沙市动漫产业集群企业间知识流动现状

我国疆土广阔，地大物博，南北文化的差异、民族间的习俗差别导致了动漫产业展现了极强的地域特征，这也为各地形成自有特色的动漫产业提供了得天独厚的条件和优势。通过对不同地方的动漫产业进行的研究分析，可以总结出我国动漫产业集群知识流动主要存在四种模式，如表 12-1 所示。

表12-1　我国动漫产业集群知识流动模式

流动模式	流动特点
原生型	政府在原生型知识流动模式中处于次要位置，没有制定相应的政策导向和规划部署来促进知识的流动。企业间知识的供给与需求是按照市场运作而自发流动的
政府引领型	随着动漫产业的发展，集群化的需求愈加明显，拥有社会资源的政府需要合理行使它的分配权，以出台相关政策和提供设施保障的方式，来引领、促进和推动集群内企业间的知识流动
市场主导型	集群的发展进入成熟期以后，政府政策的作用只限于服务和公共管理等外部环境的打造上，发挥主导作用的市场机制是知识资源配置的决定因素，集群内知识的流动依赖于产业与整体市场经济相融合并形成互动
混合作用型	兼有市场的开放和政府的扶持双重引导功能，按照市场规律对知识的供需进行自我调节，同时注重发挥政府在知识流动中的服务作用，实行市场和政府的联动作用促进知识的流动

混合作用模式是目前长沙市动漫产业集群内知识流动的主要模式，在这种模式下，市场和政府联动，不仅市场可以对知识的需求进行自我调节，而且政府可以通过打造合适的环境、提供服务、建设动漫产业基地等方式对知识流动进行促进。这样就可以保障动漫产业集群在知识有效流动的作用下有条不紊地发展。

长沙被誉为“娱乐之都”，动漫产业发展迅速，并且领先全国，其核心竞争力是及时满足观众对动漫产品的需求和意见。从知识流动效果来看，以市场和政府双重引导的混合作用流动模式在长沙是合理的，而且是成功的。与此同时，政府的扶持也为长沙的动漫产业提供了坚实的基础和强硬的后盾。或许在不久的将来，政府关于打造“动漫之都”的美好构想将会变成现实。

然而，虽然基于市场的开放性为导向的知识流动模式让长沙市动漫产业可以很好地利用原创优势在全国领跑，并且已经具备向外扩散知识的基本条件，但是，还是存在诸多不利的因素。首先，地域的劣势影响了市场的进一步快速发展；其次，经济基础的相对落后，使长沙在动漫产业的投入相比北京、杭州等地而言明显不足；最后，政府的扶持政策相对滞后，扶持力度还有待提高等。这些因素有可能会严重阻碍动漫产业的发展，进而抑制集群内动漫企业间的知识流动。可以说，长沙市动漫产业集群要想实现进一步地快速发展，走向国际化，扩大现有优势，缩小不足和差距，就必须要克服知识流动过程中的不利因素，扫除阻力，这样才能使集群具有更旺盛的生命力。

第二节　长沙市动漫产业集群企业间知识流动主要因素

长沙市动漫产业集群采用以市场和政府双重引导的混合作用型知识流动模式，虽然成功使长沙动漫产业的发展领先于全国大部分城市，但仍然存在很多风险和不利因素。加强动漫产业集群企业间的知识流动，有助于企业间的合作，增强企业竞争力。

一、主体因素

动漫企业是动漫产业集群的基本构成单元，也是影响集群企业间知识流动的主要因素，企业的规模、创新能力和合作关系紧密程度都能影响到动漫产业集群企业间的知识流动。

1. 企业规模不大

企业规模的大小往往会影响企业能否获得规模经济优势，动漫企业也是如此。动漫企业规模的扩大，可以提高生产效率，降低平均生产成本，优化集群内的资源配置，提高资源利用率，获得更多的经济效益。然而，长沙市动漫产业集群正处于快速发展阶段，企业普遍规模不大，资本金规模小，面临较高的市场风险。并且在动漫产业投融资体制方面，投资主体单一，融资渠道不畅，也使得中小型动漫企业面临融资困难的窘境，使企业难以提高生产效率，从而难以获得规模效益。这些问题都严重影响了动漫产业和集群的长远发展，阻碍了长沙市动漫产业集群的知识流动。

2. 企业创新能力不强

作为创意产业的一部分，动漫产业能够不断获取发展动力的核心因素就是创新，创新是产业集群升级的动力。技术创新和作品创意代表了企业创新能力，这种能力是集群创新能力提高的主体，更是集群内知识流动的前提。然而，受到企业规模、资金等方面的限制，部分动漫企业虽已经具有一定的研发及创新能力，但与美国、日本等发达国家动漫企业相比还具有相当大的差距。受到创新能力的影响，动漫企业往往会更加珍惜现有的研发成果，不愿被其他企业模仿，从而采取更加严密的措施保护知识产权，最终阻碍了知识流动。

3. 企业间合作关系不紧密

在长沙市动漫产业集群内，动漫企业与销售单位之间沟通渠道不畅通，集群内动漫企业与营销单位联系不紧密，出现流动速度减慢或者脱节的现象，造成了动漫企业无销路，营销单位无货源的状况。销售单位的反馈意见很难及时传递到动漫企业中，导致创意与实际需求的脱节，造成知识流动不畅，减慢甚至阻碍了知识流动。R&D 人员缺乏交流，产、学、研机制没有得到有效执行，流动平台的缺乏等因素通常会导致系统知识流动不畅。

二、政策因素

企业的发展离不开环境，良好的发展环境对创意产业的发展起着至关重要的作用，尤其是动漫产业，作为一个新兴的产业，其生存、发展、繁荣，都离不开内外部适应的环境。

首先，就目前来说，动漫产业的投入产出比不高，甚至每年国内市场都会有很多家动漫企业面临破产的窘境。动漫产品的投资非常大，不仅需要资金的投入，还需要投入相当多的精力做前期策划，尤其是原创动漫，投资动则数百万。再加上我国盗版情况十分严重，损害了投资者的利益，直接影响企业现金流，在挫伤企业积极性的同时，还有可能会因此而制约动漫产业，这显然对动漫产业的发展极为不利。

其次，国家出台的保护性措施不够健全，也是阻碍动漫产业发展的重要因素。我国从建立知识产权保护法律至今，已有三十多年。虽然期间经过不断努力逐渐建立起了较为完整的体系，如《中华人民共和国商标法》《中华人民共和国专利法》(以下简称《专利法》)等大量法律法规，但是法律缺口依旧很大，颁布的法规也没能很好地统一起来，更谈不上为动漫作品提供专门的、立体的保护。此外，权利人的法律意识不高，行政机关在执法中也存在很多不合规的操作，如知法犯法、执法标准不统一、执法不严、制度空缺都不利于对知识产权的保护，知识流动的公平性与合法性会大打折扣，影响动漫产业的健康发展。

最后，法律体系的交叉管理、法律机制过于细致和烦琐，也会成为动漫产业发展的阻力。例如，《商标法》用来管理动漫形象注册；《中华人民共和国著作权法》用来管理动漫产品中画面、音乐、文字的创作；《专利法》可用来指导外观专利的申请；《信息网络传播保护条例》则是为了规范动漫作品在电视、网络等传媒上的传播。这样就不能让动漫企业在一个相对稳定、保护性强的环境中进行知识流动，阻碍了动漫产业的发展。

三、环境因素

动漫产业是一个资金密集型的创意产业，动漫企业需要强有力的资本做保障，资金是动漫产业发展的核心因素之一，长沙的动漫产业也遇到了这样的问题。由于许多动漫企业没有足够的启动资金，在动漫制作成本相对高昂的今天，企业的资金链往往不容乐观，这严重影响到了动漫企业的研发能力，对知识供给企业的知识流动意愿和知识接收企业的吸收能力等众多因素都具有很大的影响。

1. 融资来源不足

国家出台的扶持政策不够有力，也是阻碍动漫产业发展的重要原因。例如，动漫企业通常需要大量的现金流，但银行，尤其是国有银行，一般不愿意给动漫企业发放贷款，除非政府给予政策支持。长沙市目前还没有出台比较健全的扶持政策，动漫企业能够吸收，化解风险的能力很低，这抑制了企业的发展，降低了企业间知识的流动。

2. 动漫产品市场能力有限

长沙市动漫企业的原创能力虽然领先于全国大部分城市，但是和北京、上海、杭州等城市相比，还存在比较大的差距。产品的新意不够，这会导致市场的反应不够强烈，产品的市场认可度不高，投资收益会大打折扣，投入资金难以快速收回，阻碍企业间进行知识流动。政府并没有为动漫产品打入国际市场开绿灯，甚至在国内市场也得不到支持。

3. 衍生产品市场不够成熟

动漫产品及其衍生产品的市场好坏也会直接影响动漫产业的发展，长沙市动漫产品的衍生品市场不够成熟，还有待开发。而且，企业不重视品牌形象的打造和市场化的运作，也影响了长沙市动漫知名品牌的塑造和推广。政府在这方面的作用能力有限，衍生产品市场的不景气制约了动漫产业对经济发展的带动作用，动漫企业自身也很难壮大。

第三节　长沙市动漫产业企业间知识流动促进策略

通过分析集群内知识流动的影响因素，可以发现完善创意产业集群内企业间知识流动渠道，对促进创意企业间知识流动及创意产业集群的发展有很重要的推动作用。

一、加快创意产业集群政策改革

为了企业层面改变目前跨国汽车企业在我国技术扩散不理想的现状，首先应该从本土企业自身的技术引进战略入手，同时加快企业制度改革。

从国内的创意产业集群发展现状来看，现有的文化管理体制与创意产业的发展需求并不能完全匹配，阻碍了集群中知识的流动，可以说在一定程度上也制约了创意产业集群的形成和发展。在这种政策体制的大环境中，创意产业与文化事业归属于同一个管理部门，而管理职能没有认识到这两个产业在性质上的不同，认为创意产业从属于文化产业的一部分，将这两个不同的产业共同管理，对创意产业集群的发展缺乏系统的把握和有效的监管。在创意产业投融资体制方面的缺陷则更为明显，融资难融资慢、来源单一、渠道不畅，这些都成了创意企业无法持续经营下去的最大障碍。

明确政府主管部门的功能和职责是促进创意产业集群的发展首先要解决的关键性问题。首先，将创意产业从文化事业中分离出去，设立专门的创意产业监督管理部门，建立独立、有效的创意产业管理监督机制。其次，建立创意产业行业协会来分担目前政府部门所承担的质量标准制定职能，实行行检行评等监管行为，行业协会不但可以对创意产业实施监管，还可以推进政府职能的转变。最后，采用减税免税、奖励、风险投资等形式引导和鼓励更多社会资金介入，以引入社会资本的形式来拓宽投融资渠道，加大对创意产业集群发展的资金支持力度，使投资主体多元化，从完善产权结构的方针入手来激发创意企业的发展活力，促进企业之间的知识流动。

二、促进群内创意产业之间的互信与合作

创意产业集群不能单纯地依靠市场给予的外在动力和政府出台的政策干预来发展，各创意企业应该通过政府行为、行业协会和中介机构等组织，以创意共享、技术交流和产品合作研发等方式建立长期而稳定的合作关系。在空间上集聚结合成一种合作网络，也就建成了一个稳定的产业集群。集群内的创意企业共同营造出独特的区域经济环境，合作网络的建立可以带动集群的发展动力，提升集群对外的抗干扰能力和竞争力，使集群内各创意企业获得完善的网络化效应和协同效应。

通过合作，创意企业间不但可以加快知识流动的速度，提高自身的知识传送、表达、理解和吸收能力，而且可以增进企业间的了解，提升彼此的信任水平。企业间的信任水平主要由企业所处环境及企业的信用度所决定。在良好的环境中，企业间更容易进行沟通和相互了解，更容易寻找到具有良好信用度的合作伙伴，建立稳定而持续的合作关系来增进彼此的感情，从而增加彼此的信任度。创意企业间知识的通畅流动，知识流动速度的加快，知识吸收能力的提高，以及企业间信任水平的提升反过来又可以进一步加强知识流动的合作效果，进而获取更多的知识流动收益，降低知识流动成本，并促进企业间合作关系的建立，进一步强化

企业间的信任，使知识流动与企业间的合作与互信形成良性循环，如图 12-1 所示。因此，在企业所处环境中构建信用评价体系、风险监督机制和专利制度，有利于降低知识流动的合作风险，促进创意产业集群内企业间的知识流动。

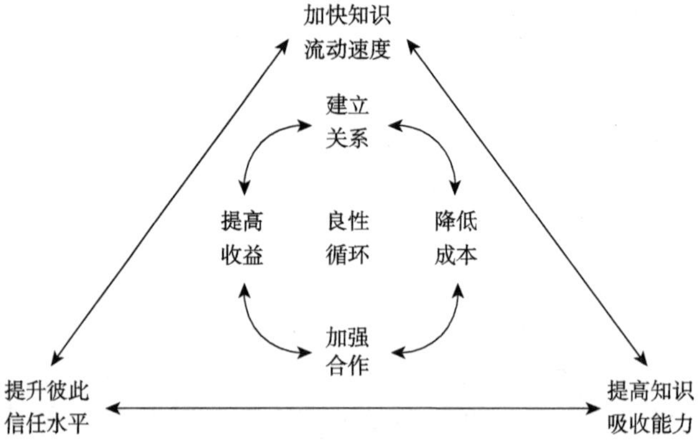

图 12-1　创意企业间合作关系促进图

三、建立创意产业集群内良好的知识流动机制和氛围

集群中个体之间的社会关系是很重要的知识流动影响因素之一，加强社会关系可以增进各创意企业之间的互信，这将激励知识流动的发生。在任何一种创意产业集群的发展模式中，形成有效的知识交流机制是企业间知识流动的桥梁。这一机制可以通过建立行业协会、组织产品展览、研发技术合作、创意人员沟通等正式和非正式的方式来建立，其明显的优势就是加快集群内部的知识流动和共享的速度，深层次的作用则是带动创意企业和整个集群朝着更有利的方向前进。

发挥集群内部媒体的作用可以扩充创意企业向外释放信息的途径，促进创意企业间的相互了解，这又为知识的流动增加了一条途径。在集群中形成崇尚知识和创新的气氛，鼓励创意工作者积极寻求创意信息，培育不同特色创意产业集群内自由、开放的知识创新氛围，主动增加与同业者间的知识交流，有利于形成知识流动的良好环境和氛围。

四、加强创意产业集群知识产权保护

知识产权保护对知识流动至关重要，良好的知识产权保护体系可以增强企业之间的互信合作，提高知识流动供给主体的知识流动意愿。在一个没有完善的知识产权保护体系的环境中工作，没有公平的交易环境，创意企业从创意与知识分享中所获得的利益是不稳定的，没有动力把自己的知识与集群内其他的创意企业交流，集群的可持续发展也将难以继续。因此，政府应该加强知识产权保护的力度，以教育为主要方式向集群内创意企业培育尊重他人知识产权的意识。尊重知识产权不等于不可以借用，企业可以通过合理使用等合法方式，在不侵犯他人知识产权的前提下，将其他企业创意产品、专利和技术中的思想与创新点同自身创意相结合，最终获得拥有自主知识产权的创意产品或专利技术，在这个过程中也促进了创意知识的交流，推动创意产业集群的健康发展。

需要关注的是，从促进创意产业发展的社会效益和公共福利角度来看，在创意产业集群形成初期，严格将知识产权保护起来会阻碍知识的流动，抑制创意产业乃至集群的发展，为了使集群内的创新氛围更加活跃，政府对知识产权的保护力度不宜过于严格。在保护权利人基本权益，保证创意企业基本生存和发展空间的基础上，创造良好的创意知识互通互融环境，这样更有利于创意的传播和构建良好的集群创新氛围。

第四篇　黑龙江省创意产业集群化衍生研究

创意产业作为人类需求升级、科技进步、城市经济转型及全球化背景下发展起来的朝阳产业，其产生的“创意经济”已对国家经济和社会发展起到了十分重要的作用，现已成为衡量一国实力的重要标志和城市发展的活力源泉。由于创意产业具有创新性、渗透性、高增值力、强辐射力、高科技含量和高风险等特征，出于对交易成本、竞争优势、规模经济及知识流动等因素的考虑，创意产业企业逐步朝着集群化的方向发展。创意产业集群化的发展为创意企业提供了良好的发展环境，有利于集群内企业人才的获取。此外，在核心企业带动下集群内更易形成高效的分工协作体系，有利于降低交易成本，形成竞争优势。因此，对于创意产业而言，集群化的发展显得尤为重要。

第十三章　黑龙江省创意产业集群化衍生条件及动因分析

本章客观地分析黑龙江省创意产业发展的现状及创意产业朝着集群化发展的态势，在此基础上总结出黑龙江省创意产业能够进行进集群化发展的条件和动因，有利于黑龙江省发展创意产业集群认清优劣势，扬长避短。

第一节　黑龙江省创意产业及创意产业集群现状

一、黑龙江省创意产业现状

目前黑龙江省创意产业主要集中在动漫游戏、新闻出版、广播影视和网络服务业及旅游业等几个方面。

自2006年哈尔滨市平房区成立全省第一个动漫基地以来，黑龙江省通过与动漫产业较为发达的国家建立合作关系，并依托省内众多的高校资源，其动漫产业取得了蓬勃的发展。以往动漫往往是日本、美国的专利，截止到2010年底，黑龙江省的《雪娃》《大志传说》等诸多动漫作品大受欢迎，进驻动漫基地的企业也从8家增至61家，年产动画可达1 000分钟。此外，大庆市也在积极打造国际动漫城，力争用五年时间使其成为创造强、成本低、规模大的一流动漫与网络游戏产业聚集地。动漫产业有望充分发挥各类生产要素的聚集效应，形成和延伸产业链条。

2010年底，黑龙江省的图书出版单位已有13家、音像出版社4家、印刷企业4 647家，发行网点有1 916家；至2009年，包括龙江剧、曲艺、话剧等在内的文化演出实体已达到1.54万个。黑龙江省的新闻出版业正朝着品牌化、专业化的方向发展。

在广播影视和网络服务方面，黑龙江省广播电视局已成为拥有电台、电视台、报社、网络公司等26家企事业单位的传媒业巨头。此外，黑龙江省话剧、二人转、龙江剧等民间艺术也开始崭露头角。

丰富的黑土地文化为黑龙江省发展旅游产业提供了优越的条件。以哈尔滨为重点的冰雪节、金源文化、欧陆文化每年都吸引了大批游客，齐齐哈尔鹤文化、大庆石油文化、伊春和大兴安岭林业文化等也各具特色。此外，黑龙江省正大力发展传统文化艺术产业，鱼皮工艺、剪纸、黑陶、木雕等都是发展创意产业得天独厚的条件。

总的来说，黑龙江省的动漫、游戏产业发展迅速，但对传统文化产业的挖掘深度却不够。虽然黑龙江省的文化底蕴深厚，但其传统文化的内涵和精髓却未得到充分的利用，缺乏品牌优势。加之周边省市的竞争、对产权保护的不完善，使黑龙江省的文化资源并没有实现最优的资源配置。此外，与其他创意产业较发达地区相比，发展创意产业的核心——创意人才的缺乏也是黑龙江省大力发展创意产业的瓶颈。

二、黑龙江省创意产业集群现状

创意产业集群是指由与创意产业关联的、相互之间饱含紧密联系的企业及其他相关机构组成的有机整体。创意产业集群中，资金流、信息流、物流、人力流大进大出，各生产要素都得到了最有效利用，有效地降低了集群内创意企业的运营风险、生产成本。因此，发展创意产业集群不但是国民经济发展的必然趋势，而且是创意产业提高自身竞争力的有效途径。各地区都应该通过中心区域对周边地区的辐射及扩散作用，形成具有区域特色的创意产业集群，从而提高我国创意产业的国际竞争力。

目前，黑龙江省创意产业集聚区主要有：①群力文化产业园。该园占地面积约 50 万平方米，主要致力于展销具有“龙江特色”的地域文化艺术精品、图书阅览和销售、中外著名画家作品展览等。②大庆文化创意产业园。该园涵盖文化艺术、工艺设计、休闲娱乐、影视动漫等产业，集研究、设计、创作、展览、生产、销售于一体，旨在发展规模经济，将其打造为资金、技术和艺术密集型，并具有国际品牌影响力的创意产业集群。③哈尔滨中俄油画艺术家创意产业园。该园融合了文化、艺术和旅游，是集创作、展示和交流于一体的中俄油画艺术原创基地。④旅游文化园区。哈尔滨、牡丹江等多个地区开展的冰雕节、雪雕节，哈尔滨太阳岛风景区等，都有效带动了当地旅游业的发展。⑤动漫产业基地。该基地主要有哈尔滨市平房动漫产业基地和大庆国际动漫城，致力于动漫、游戏的开发。根据黑龙江省“十二五”规划，黑龙江省拟在 2015 年建设 10 个省级以上的文化产业示范区，充分发挥传统文化产业的优势、有效整合并延伸创意产业链，从而有力保护和开发黑龙江省的文化遗产，并加快黑龙江省的产业结构省级。

虽然黑龙江省发展创意产业的势头良好，创意产业集聚区不断发展扩大，但现有的创意产业集群仍存在很多亟待解决的问题。

（1）创意产业集群多以政府引导的创意产业园区形式存在，集群缺乏自发形成机制。黑龙江省现有的创意企业集聚多是源于政府的推动，相关创意企业多是被政府相关的税收、公共服务等优惠政策吸引，集群缺乏稳健的自发形成机制，不利于实现集聚效应。

（2）创意产业集聚区内分工不明确，产业链发育不完全，无法真正实现规模经济。创意产业集群内的各个企业间只有通过分工协作，同时专注于各自特定的领域，才能真正地形成一条分工明确、上下游紧密相连、富有竞争力的产业链，各个创意企业才能够达到降低成本、获取利益最大化的目的，从而最终实现规模经济。

（3）集聚区特色不明显，未形成品牌效应。形成集聚效应的集群内往往存在几个核心企业，其他企业围绕这些核心企业进行专业化分工。虽然黑龙江省近年来非常注重创意产业园区的发展，各园区也正在积极打造区域品牌特色，但至今而言，这些品牌优势并不明显。

（4）创意产业集群内人才匮乏。创意产业集群的形成首先是人才的集聚，人才集聚带来的知识流动能够不断激励创新行为的产生，促进创意产业集群的发展。与上海等创意产业高度发达地区相比，目前黑龙江省缺乏一批专业知识扎实、富有创新精神的创意人才。与地方高校合作，形成产、学、研一体的创意产业发展方式能够为创意产业集群化的发展不断注入新的活力。

第二节　创意产业集群化衍生影响因素

一、制度因素

制度因素是指为创意产业集群化发展提供背景的社会条件，它在资本分配过程中占据支配地位，主要是指相关的法律法规、政府的政策、社会金融架构、社会公共基础设施等。R. Florida 在其著名的“3Ts”（technology，即科技；talent，即人才；tolerance，即社会包容）理论中指出：创意经济的成长是建立在人才、科技及社会包容三个维度之上的，这三个维度之间又是相互联系、相互作用的。文化多元化及社会对外来人士的包容吸引着大批创意人才集聚，从而形成了一个促进创新和创新行为的诞生的客观环境，但是社会环境对创意产业的发展也不仅仅只有正面的影响，有时反而会限制了创意的产生。科技被认为是一个国家或地区社会经济发展不可或缺的制度因素，其他制度因素，如劳动力、相关法律法规、政府政策、企业管理能力等则被认为是区域竞争力的决定因素。因此，如果没有一个健全的社会环境、良好的金融构架和经济环境，创意只会掌握在某一个人或企业手中，无法将创意转化为产品或服务。因此，创意产业的发展离不开制度的支撑。

从现实情况来看，黑龙江省近年来创意产业集群化的衍生多源于政府的推动。创意产业集群是一个融合了创意源、创意生产制造、创意消费等一连串从创意产生到消费过程的聚集区，各利益主体之间难免会存在冲突与矛盾，因此必须要有政府的制度介入，营造一个健康稳健的社会环境，从而提高创意产业集群的效率，促进更多创意的产生。这里的制度因素主要是指正式的制度，它对创意产业集群的影响是直接而具体的。正式而规范的制度可以明确集群内创意企业的运营机制，引导创意产业集群的良性发展；完善的政策支持、金融架构、与国际文化的交流为创意产业集群的发展提供了一个功效良好的社会环境；政府采取的税收优惠、项目扶植、鼓励政策等吸引了大量的创意企业和创意人才，促进了创意产业集群的不断发展壮大。可以说制度因素确定了其他资本的分配及运用情况，是创意产业集群化衍生的先决条件，政府部门应充分发挥其职能优势，为创意产业的集群化衍生提供有利的条件。

二、人力资本

创意产业是高流动性的知识密集型产业，因此人力资本是创意产业集群形成的重要因素，创意人才在创意产业集群内集聚，通过正式的交流或非正式的交流可以促进创意产业集群内的知识流动、知识溢出和技术转移，可以激发创意或创意行为的产生。对于知识密集型产业而言，其集聚区多选择在高新技术人力资源丰富的地区，如高校、科研所，它们为创意产业集群提供了大量具备专业知识的高新技术人才和管理人才，容易产生新的创新成果，可以实现在最短的时间内将创意转化为产品或服务，这种供给上的便利可以有效地为创意企业降低成本。就人才而言，高新技术产业在一个区域内集聚又可以降低他们搜寻工作的机会成本，享有高度的流动性，非正式的交流机会可以使他们迅速了解最新的创新成果和技术，不断激发新思维。

人力资本可以说是创意产业集群化衍生的核心要素，因此创意产业集群可以采取有效措施留住人才：①创意产业集聚区大多远离城市中心，因此需要加强基础设施建设，为高新技术人才创造良好的生活环境和便利的交通环境。②提供大多数人可以负担的住宅，降低从业人员流失率。③加强创意产业集群的宽容性和开放性，充分降低从业人员的生活压力。创意往往都是在轻松的氛围和放松的状态下产生的，无压力的工作环境能够充分激发创意人才的灵感，促进创意源源不断地产生。

人力资本的流动性能够保证知识的不断流动，知识流动又是创意不断产生的源泉。所以，人力资本是创意产业集群化衍生的关键要素。

三、社会资本

最早对社会资本进行功能化定义的是 Granovetter，他指出社会资本是指个体或团体间的关系，包括社会网络、互惠性规范及由它们产生的信任。社会资本是人们在所处的社会结构位置给他们带来的资源。首先，社会资本是一种资源，它时刻镶嵌在行动者的社会关系网络中，为个人或团体的行动提供便利，如果没有这些资源则可能导致行动者的行为无法实现。社会资本得到运用还必须达到其运作条件，因为对于个人或团体而言，其社会资本往往只局限在某一领域范围内，很多学者也将这种具有明显指向依赖的社会资本称为“域专属社会资本”。对于创意产业集群而言，其社会资本就是在该集群内能够动用的所有资源。

技术和人才是创意产业的核心资源，但集群所形成的互惠互利、相互信任、丰富的社会网络，以及由它们带来的文化的多元性、强大的包容性和自主性都有助于构建集群的创新能力，而不断地创新正是创意产业集群蓬勃发展的原动力。如制度资本一样，社会资本也有正式和非正式之分，如果说只有正式制度在起作用，那么创意产业集群应该容易被复制，也不会出现优劣之分。因此，不同的社会背景下相同的正式制度却形成了不同的经济效应，非正式制度往往起到了更为鲜明的作用。对于创意产业集群这个复杂的企业网络体系而言，如果集群内的企业、相关机构之间的物质和非物质联系只靠正式的社会资本维系则会加大集群成本，并降低集群的效率。非正式的社会资本主要是那些以多元化、社会包容性、信任和相互合作来表现的社会资本，它们能够有效地增强创意产业集群的多元性、创新性，促进创意产业集群化的发展。

总的来说，社会资本对创意产业集群化发展主要的促进作用有：①降低了信息搜索成本、提高了信息利用率，从而有效地降低了行动个人或团体的交易成本；②社会资本，特别是非正式社会资本可以有效地激发集群内的合作创新，促进创新式的互动和集体学习过程，增加行动者获得知识的数量和多样性；③有效的资源整合，专业化分工明确。

四、文化资本

创意的诞生和表达是创意产业集群化发展最重要的因素，而一个有利于文化参与的社会环境能够激励创意的产生及将创意及时地转化为产品或服务。对于创意产业集群而言，影响其发展的文化资本主要是指与文化、艺术和创意有关的特质和特定的活动，包括公共服务部门支持文化艺术发展的资源支持、对知识产权的保护、集群的创造力、艺术和艺术教育、集群内文化参与的程度和范围等。观察国内外典型的文化创意产业集群，基本都具备了深厚的历史传承和优越的人文环境，它们为创意产业的集聚奠定了文化资本。而当集群形成后，又会形成自身的集群文化，创意企业本着对这种文化的认同而形成产业集聚。创意产业是典型的知识密集型产业，创意的产生需要轻松的氛围，它源于人们的观点、思路在日常生活和交流中的碰撞。创意产业集群内非正式交流和学习的文化氛围则不断激发着新创意的产生。因此，文化资本是创意产业集群化衍生的重要动力因素。

第三节　黑龙江省创意产业集群化衍生条件

对于黑龙江省创意产业集群化衍生条件可以从外部条件和内部条件两方面进行分析。

从外部条件而言，主要是指制度因素，即创意产业集群外的一切外部环境，涵盖政治、文化、经济、社会因素等。只有外部环境允许创意产业集群的存在，集群才有可能从外部环境中获取资源、信息和能量，才能够保证创意产业有向集群化方向衍生的条件。黑龙江省近年来正在加大产业结构变革的力度，第三产业发展迅速，创意产业更是得到了政府的大力扶植。其主要表现在对创意产业在财政、税收、投融资政策、平台假设、基地建设、人才培养等方面的大力支持。以哈尔滨市平房区动漫产业基地为例，进驻企业享受三级政府优惠政策、免 2 年房租费、物业管理费，企业所交税收也全部用于动漫事业的发展，公司的高管还将获得一定的奖励，政府的大力扶植是黑龙江省创意产业集群化发展最重要的外部条件。经济方面，黑龙江是具有一定历史的东北老工业基地，地区经济完全有支持创意产业发展的条件，并且创意产业集群一旦形成规模经济后，将会给黑龙江省带来巨大的经济效益和高附加值。深厚的黑土地文化资源及悠远的历史积淀则为黑龙江省创意产业的发展提供了良好的文化条件，大庆的石油文化、大兴安岭林业文化、哈尔滨的冰雪文化节、齐齐哈尔鹤文化等在国内外享有盛誉，皮影画、剪纸、黑陶等民间艺术等都成为创意产业发展得天独厚的条件。此外，随着人民生活质量的不断提高，社会更加关注精神文化生活，这为创意转化而成的产品提供了广阔的消费市场，这也是创意产业集群化衍生的外部条件。

在内部条件方面，德国学者 Claus Steinle 和 Holger Schiele 认为产业具备以下几个条件更易形成集群化。

1. 生产的可分性和最终产品的可运输性

只有产业链上有多个生产步骤且这些步骤专业化分工明确，才能允许更多的机构和专业化的企业围绕同一个目标参与其中，从而形成集群的良性竞争和学习环境；最终产品的可运输性则是指产业链的过程不是单纯地从生产商到消费者的简易过程，产业链的延长有利于更多的专业化企业加入，更容易激发集群化。对于创意产业而言，以图书为例，其生产和发行都要经过很多复杂的步骤，这就构成了创意产品的生产可分性。还有很多的创意产品，如动漫、电影等则是通过电波、电缆等传输过程才到达消费者，这就满足了创意产业形成集群化的最终产品可运输性。

2. 产业价值链较长

达到生产可分性的要求，首先要保证价值链具有一定的长度，才能够容纳更多的专业化分工部门。创意产业的内涵丰富，创意产品从生产到消费的过程涉及很多环节，以动漫产品为例，单从产品而言就要经历原创、制作、发行的过程，设备生产和内容又要经过多层细分，相关机构、高校等为其提供了技术、人才方面的支持，政府为其提供便利的投融资政策、优惠的税费条件等，都构成了创意产业较长的价值链。因此，从产业价值链长度而言，创意产业有形成集群化的优越条件。

3. 差异化竞争

产业集群保持多样化才能够保持集群秩序的稳定和避免相同产业间的恶性竞争。而创意产业取得成功的关键就是能够满足消费者多元化和个性化的需求，因此创意产业满足形成集群化的差异化竞争条件。

4. 网络化创新

一成不变的集群往往无法满足产品消费多元化和个性化的特点，无法适应市场的需求，因此，产业集群若要获得持续的发展，就必须不断地创新，为集群注入新的活力，并且这种创新不是单独企业的创新，而是集群内相关企业和机构共同参与的网络化创新。单个企业的创新对集群的变革并无实质的影响，只有集群内的企业都参与其中，才有利于集群不断顺应市场进行变革。对于创意产业而言，创新正是创意产业最本质的特点，满足形成集群化必需的网络化创新。

5. 市场的不确定性

市场的不确定性驱动相关行业的企业在地理上形成集聚，依附集群强大的资源条件提高企业的抗风险能力、降低因市场变化带来的交易费用的增加，集群能够有效提高企业克服市场失灵和内部组织失灵的能力。创意产业位于价值链的最高端，创意从产生到转化为产品的价值转换过程渗透了很多行业和产业领域，一方面它拓展了传统产业的内容，推动了传统产业的升级演化；另一方面，又通过不断创新衍生新的产业。因此，创意产业市场具有易变性，这就需要创意企业共同联合，对抗市场不确定性可能带来的风险。

第四节　黑龙江省创意产业集群化衍生动因

通过对创意产业集群形成机制相关文献的梳理，不难发现研究的重点主要集中在集聚带来的公共基础设施共享、成本和税收的降低等静态效益及集群化有利于知识、技术的创新和扩散等动态效益，带来的正向外部效应和企业间互动式的学习和交流。本节将以此为基础，从自然区位、规模经济、知识溢出、创意阶层这四个方面阐述黑龙江省创意产业集群化衍生的动因。

一、自然区位

与其他产业相似，创意产业的集群化也需要适合集群生存的自然区位条件，城市空间必须能够提供创意活动所需的地方特质和环境。黑龙江省融合了多个民族文化，深厚的历史积淀和丰富的物质文化资源创造了得天独厚的创意氛围，地方特质是吸引创意人才在此集聚的催化剂。优越的自然区位环境能够降低创意的成本并促进创意的多元化。

二、规模经济

规模经济是指由于专业化水平提高等原因，使企业的单位成本下降，从而促使企业的长期平均成本随着产量的增加而递减的经济。克鲁曼提出：如果一种产业在一个地方集聚后，出于收益增加、成本降低和需求的相互作用，一种循环关系就会使这个集群维持下去并不断发展壮大。因为如果规模经济够大，每个企业都愿意在这一地方生产。此外，克鲁曼还给出了一个生产的集中一旦建立起来就会维持下去的必要条件。

$$F > tx(1-\pi)/2x \tag{13-1}$$

其中，F 为建立一个新企业的固定成本；t 为运输成本；x 为产品销售量；π 为从事该产业的人口在总人口中的比重。

根据这三个系数分析创意产业集群化衍生的动因：建立一个新的创意企业的初始投资成本和规模经济足够大，而对创意产品的运输成本却很低，因此创意由于规模经济的作用，创意产业企业一旦形成地理上的集聚就会不断地维持下去并逐渐发展壮大。

人力资本的流动性能够保证知识的不断流动，知识流动又是创意不断产生的源泉。所以，人力资本是创意产业集群化衍生的关键要素。

三、知识溢出

知识溢出是指与生产经营活动有关的信息、技术、管理和企业组织形式等方面的创新和成果被迅速地共享和仿效，它是集群演变的动力源泉。知识可以分为显性知识和隐性知识，一般认为隐性知识与创意产业之间的联系更为紧密。对于创意产业来说，企业竞争力的核心要素是创意的产生，承担创造性工作的员工在不同的创意企业间流动，并与承担相似工作的创意人才进行交流能够不断激发创意的火花，同时也能够吸引大批创意人才的聚集。在黑龙江省大力发展创意产业的前提下，政府部门已加大了公共基础设施的建设力度，旨在为集群形成更加便利的"信息交流网络"。这为加强黑龙江省创意产业知识溢出的力度，加速信息的流动，并最大限度地利用信息提供了基础保障。

四、创意阶层

人才是创意产业的核心竞争力，创意阶层不仅包括创造性的专业人才，还包括那些参与创意产品产业化和市场化的技术和管理人才。黑龙江省是文化大省，培养各种专业人才的高校林立，这为创意人才的培养和挖掘、构建产、学、研一体的创意产业集群模式提供了优越的社会资源。此外，黑龙江省正在逐步加强对知识产权的保护力度，对知识产权的尊重能够促进创意阶层的崛起。加大知识产权保护力度，保护创意人才的合法权益是创意产业社会价值和经济价值实现的基础，是形成创意产业集群核心竞争力的重要组成部分。

第十四章　黑龙江省创意产业集群化衍生路径分析

第一节　黑龙江省创意产业集群化衍生阶段划分

创意产业集群化衍生是指创意产业由非集群化形态的产业组织形式通过某些途径转化为稳定的集群形态的产业组织形式，这些转化途径便是产业集群的衍生路径。创意产业形成稳定集群形态的标志是：集群中企业形成长期稳定的竞合关系，并通过协同竞争不断产生创新。本书以黑龙江省创意产业为研究对象，将集群化衍生分三个阶段探讨创意产业从零散的地理集聚到形成具有长期稳定竞合创新关系的成熟集群的过程，这三阶段分别是初始期、成长期和成熟期。

1. 初始期

创意产业在初期就像是一片丰硕的草原，所谓的“领头羊”企业产生经济效益后，其他企业争相效仿从而形成地理集聚。因此，创意产业集群形成初期源于羊群行为。

2. 成长期

企业通过羊群行为进入集群后，往往希望通过不断地资源优势互补来壮大自己的竞争力，而优势互补往往是通过寻求与其资源互补的企业合作达成的。因此，集群企业合作伙伴的选择被认为是集群化衍生成长期的主要标志。

3. 成熟期

不断创新是创意产业集群稳定发展的源泉，也是创意产业集群成熟的标志。单纯的资源互补式合作方式已不能满足集群成长的需求，必须引导集群内企业通过合作或竞争不断创新。当创意产业集群内企业都能形成一种协同竞争循环，即集群内企业都有核心竞争力，并通过理性的合作与竞争不断激发创新行为时，此时的创意产业集群走向成熟，即形成创意产业集群的稳定期。

创意产业集群化衍生阶段划分具体如图 14-1 所示。

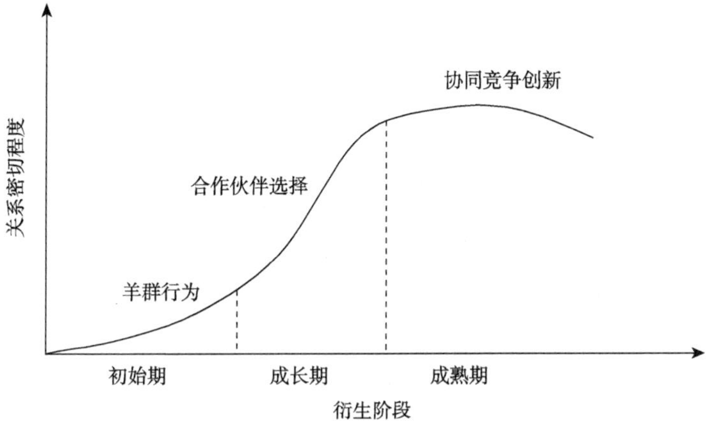

图 14-1　创意产业集群化衍生阶段划分

第二节　黑龙江省创意产业集群化初期的入群行为分析

一、羊群行为

我们所指的羊群行为是指理性的羊群行为，是对他人决策的一种有意识的模仿，并且这种模仿带来的往往是经济利益的增加。在产业集群开始形成的缔结阶段，羊群行为表现尤盛。下面以一个例子来阐述羊群行为。

假设有 H、I、J、K、L 五个投资者想要加入一个产业中，该投资带来的利润为 M（M=1 或 M=–1），每个投资者都通过对市场的观察和对其他投资者行为的分析获取到了各自的私有信息，我们将这些信息分为“好”（good，G）和“不好”（bad，B）两类。做以下假设。

$P\{G/M=1\}=p$；$P\{B/M=1\}=1-p$；

$P\{G/M=-1\}=1-p$；$P\{B/M=-1\}=p$；且 $P\{M=1\}=P\{M=-1\}=0.5$

令 $0.5<p<1$，根据贝叶斯定理，在观察信息 G 时，M=1 的概率为

$$P\{M=1/G\}=\frac{P\{G/M=1\}\cdot P\{M=1\}}{P\{G/M=1\}\cdot P\{M=1\}+P\{G/M=-1\}\cdot P\{M=-1\}}$$
$$=\frac{p\times 0.5}{p\times 0.5+(1-p)\times 0.5}=p>0.5 \qquad (14\text{-}1)$$

根据以上假设可以做如下分析：H 作为第一个投资者，通过经验总结发现信息为 G 时决定投资，当信息表示为 B 时则放弃投资。作为投资者的 I 在观测了 H

的行为之后可以推断出 H 的私有信息，当 H 的信息与自己一致时，其投资决策为 G 时，投资；为 B 时，放弃投资。当他的信息与 H 不一致时，投资与放弃的概率各占 50%。

当 H 与 I 的行为不一致时（如 H 投资，I 却放弃），J 的决策过程又回到了模型的原点。当两者的行为一致时就产生了羊群行为。假设 J 看到 H 和 I 都选择了投资，他可以断定 H 的私有信息为 G，I 的私有信息虽然不确定，但为 G 的可能性更大些，此时，即使自己的私有信息与他们不一致，J 也会选择投资。这种行为也将发生在 K 和 L 等其他后续投资者身上，于是羊群行为就产生了。羊群行为促使产业集群的形成，是产业集群初期缔结阶段的主要模式。

二、创意产业组织单元入群的羊群行为分析

创意产业在初期就像是一片丰硕的草原，所谓的“领头羊”企业（创意产业集群形成后的核心企业）发现了这个市场存在着巨大的经济利益，此时的市场无其他可模仿企业，进入该产业只是企业凭着对私有信息的推断。而后进入的创意组织单元由于利益的驱动且市场存在可模仿者（即存在可观察信息）等原因产生趋同的羊群行为。

假设上述 H、I、J、K、L 是五个有限理性的动漫产业组织单元，且 H 是第一个进入动漫产业集群的企业，由于该企业掌握了市场先机，其初期决策只能依靠自身对市场信息的判断，经验使该企业在资金、人才、技术和风险承受等方面要优于其他企业，这种资源禀赋和较强的抗风险能力使 H 企业逐渐演变成为该区动漫产业集群的核心企业。后续进入的动漫产业组织单元多是寻求与该核心企业的合作以期增加收益并有效降低成本和风险，这类企业称为创意产业集群的集群伙伴。I 作为第二个想加入该动漫产业集群的企业，首先要收集大量的信息，这些信息包括对“领头羊”企业 H 交易行为的推测 N_{H} 及企业自身对信息的评价 N_{I}，此时，该动漫产业集群伙伴 I 的信息集为 $N_{\mathrm{I}}=\{N_{\mathrm{H}}, N_{\mathrm{I}}\}$，I 可能遇到以下情况。

（1）$N_{\mathrm{H}}=N_{\mathrm{I}}=\mathrm{G}$，即集群伙伴 I 根据核心企业 H 的交易行为推测信息为好，且私有信息也为好。根据式（14-1），此时 I 的预期收益 $M=1$ 的概率大于 0.5，作为有限理性的企业，此时 I 也会选择进入该创意产业集群。

（2）$N_{\mathrm{H}}=N_{\mathrm{I}}=\mathrm{B}$，即集群伙伴 I 根据核心企业 H 的交易行为推测信息为坏，并且所掌握的私有信息也表示信息为坏，此时 I 的预期收益 $M=-1$ 的概率大于 0.5，理性的 I 一定会选择模仿 H 的行为，放弃加入该创意产业集群。

（3）$N_{\mathrm{H}}\neq N_{\mathrm{I}}$，此时两个评价的信号作用正好相抵消，加入集群与否的概率各占 50%。

此时的羊群行为并不明显，当动漫产业组织单元 J 在考虑是否进入集群时，J

将同样拥有三种信息：对 H 交易行为的推测 N_H、对 I 交易行为的推测 N_I 及私有信息 N_J（即企业本身对信息好、坏的判断），创意企业 J 的信息集为 $N_J=\{N_H，N_I，N_J\}$，创意企业 J 可能会出现如下几种情况。

（1）$N_H=N_I=N_J=G$，此时动漫企业 J 会毫不犹豫地选择加入集群。

（2）$N_H=N_I=N_J=B$，此时动漫企业 J 会选择放弃加入该集群。

（3）当 $N_H=N_I\neq N_J$，此时，如果企业 J 根据 H 和 I 的交易行为推测信息为好，J 的预期收益 $M=1$ 的概率一定大于 0.5，无论企业 J 的私有信息为好还是坏，J 都会选择跟风模仿 H 和 I 的决策，羊群行为开始发生；相反，如果 J 根据 H 和 I 的交易行为推测信息为坏时，那么无论自己的私有信息是好还是坏，创意企业 J 都会保守地选择放弃进入该集群。

（4）$N_H\neq N_I$，即 H 和 I 采取不同的行动，此时两个企业所给的信号相互抵消，决策又回到原点，企业 J 需根据自己的评价进行决策。

羊群行为从创意组织单元 J 开始明显地出现，随后的企业 K、L 等也会采取同样的信息处理方式来选择是否加入集群，此时它们的入群行为已经不能真实地反映它们对信息 N 的评价。也就是说，出于信息不对称等原因，只要创意产业的集群伙伴是有限理性的，那么在是否进入创意产业集群这一问题上，创意产业组织单元很可能在相当大程度上偏离自身的决策而选择模仿绝大多数创意组织单元的行为，即羊群行为。在创意产业集群形成初期，创意产业组织单元多采用这种试探性的方式考虑是否加入该集群，它是创意产业集群形成初期的主要缔结方式。

第三节　黑龙江省创意产业集群化成长期企业合作伙伴选择分析

对于所有的产业集群而言，建立集群的目的都是希望最大化实现规模经济，降低生产成本。在创意产业集群形成初期主要是依靠羊群行为缔结原始集群。集群初具规模后，企业为了寻求更高的经济效益开始寻找那些具备自己所缺乏的某种竞争优势、能带来互补性技能、生产能力和广阔市场的合作伙伴，此时的创意产业集群化衍生进入另一阶段——选择合作伙伴。合作伙伴的选择是建立创意产业集群的基础和关键性环节。

一、集群合作伙伴选择原则

著名的“3C”（compatibility，即兼容性；capability，即能力；commitment，即

承诺）理论认为：在一个联盟或集群中衡量一个企业是否能成为合作伙伴要综合考虑该企业的兼容性、能力、承诺与投入三个方面。

1. 合作伙伴的兼容性

所谓的兼容性是指合作企业间应该在战略、经营、合作思路等多方面保持一致，并具有协调解决分歧与矛盾的能力。如果缺乏兼容性，企业间的合作将受到集群内外部环境和市场的影响，从而导致合作瓦解。

2. 合作伙伴的能力

前面提到创意企业寻求合作伙伴多是为了弥补自身资源的不足，从而与合作伙伴形成优势互补的关系。因此，合作伙伴必须有提供本企业稀缺资源的能力。

3. 合作伙伴的承诺与投入

合作伙伴的承诺与投入表明了潜在合作企业的诚意，相互承担一定的义务与责任可以弥补合作企业在内部资源和经营管理方面的差距，有利于合作企业形成长期、稳定的合作关系。

遵循“3C”原则，创意企业可以根据价值链分析方法，确定需要合作的价值链上的某个环节，对该环节上的潜在合作企业进行定性和定量化的分析，最终确定与和本企业战略目标和企业文化相似、资源充分互补的企业形成合作关系，以达到提升企业核心能力的目的。

二、集群合作伙伴评价指标体系的构建

根据“3C”原则，通过对以往研究成果的借鉴和对黑龙江省创意产业的发展现状进行研究，本书拟利用“鱼骨图”对影响创意产业集群合作伙伴形成的因素进行总结。“鱼骨图”是由日本石川馨发明的一种管理方法、所谓“鱼骨图”是将企业上的胜与败的问题图像化，以用来寻求解决问题的方法，也称为因果关系图。本书将“鱼骨图”分析方法应用于创意产业伙伴形成影响因素分析上，将影响集群伙伴形成的各项因素综合整理于原因型（鱼头在右）“鱼骨图”上，具体如图 14-2 所示。

以上遵循“3C”原则，从合作伙伴个体因素的硬性指标和合作关系及合作后效应的软性指标两个方面综合、客观地分析了影响集群合作伙伴形成的影响因素，可以将以上影响因素作为伙伴选择的评价指标体系。该指标体系设有 3 个二级指标，15 个三级指标。

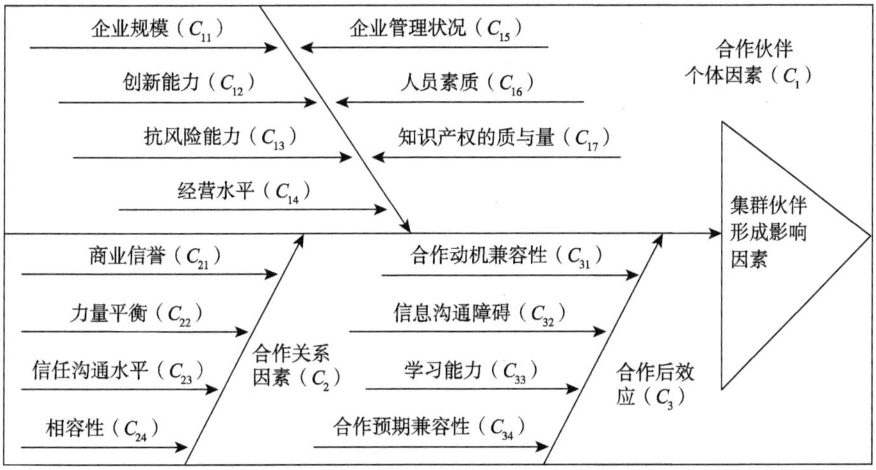

图 14-2　集群合作伙伴形成的影响因素

三、基于主成分投影法的黑龙江省创意产业集群企业合作伙伴选择

客观、合理、科学地评价集群伙伴的合作能力是选择伙伴的关键环节，集群伙伴能力评价指标体系是由一系列多层次、复杂且难精确化的指标构成的，指标之间有时还存在信息重叠问题，采取主成分投影法运用正交变化巧妙地避免了这一问题，保证了对集群伙伴合作能力的评价更加具有客观合理性和可信度。

1. 主成分投影法

设有 t 个评价指标（t=15），n 个被评价对象，可得到原始的数据决策矩阵 $x_{n\times t}$，x_{ij} 表示第 i 个被评价对象的第 j 个指标的值。数据决策矩阵的第 i 行表示第 i 个被评价对象的 t 个指标值 $(x_{i1},x_{i2},\cdots,x_{it})(i=1,2,\cdots,n)$；第 j 列则表示用评价指标 j 评价 n 个被评价对象的评价值 $(x_{1j},x_{2j},\cdots,x_{nj})(j=1,2,\cdots,t)$。

为了消除评价指标间不同量纲和量纲单位造成的不公平，先对指标进行无量纲化处理。评价指标中除企业规模（C_{11}）为居中型指标外，其他均为极大型指标。

若指标是以大为好的正向指标，令

$$y_{ij}=\frac{x_{ij}-\min\limits_{1\leqslant i\leqslant n}\{x_{ij}\}}{\max\limits_{1\leqslant i\leqslant n}\{x_{ij}\}-\min\limits_{1\leqslant i\leqslant n}\{x_{ij}\}} \tag{14-2}$$

若指标是以小为好的逆向指标，令

$$y_{ij}=\frac{\max\limits_{1\leqslant i\leqslant n}\{x_{ij}\}-x_{ij}}{\max\limits_{1\leqslant i\leqslant n}\{x_{ij}\}-\min\limits_{1\leqslant i\leqslant n}\{x_{ij}\}} \tag{14-3}$$

若指标是围绕目标值 m_j 波动，则令

$$y_{ij}=1-\frac{\left|x_{ij}-m_j\right|}{\max\limits_{1\leqslant i\leqslant n}\{x_{ij}\}\left|x_{ij}-m_j\right|} \tag{14-4}$$

经标准化处理法对指标进行无量纲化处理后的矩阵为 $\boldsymbol{Y}=(y_{ij})_{n\times t}$，其取值范围为[0，1]。

在建立的创意产业集群企业合作伙伴评价指标体系中，根据指标的主次地位不同，可采用指标赋予权重法在综合评价中体现指标的主次关系。熵权法是根据各被评价对象的指标值来确定各指标的权重的，能够客观评价合作伙伴某指标的权重。

设第 j 项指标的熵为 H_j，得

$$H_j=-k\sum_{i=1}^{n}f_{ij}\ln f_{ij}\,(j=1,2,\cdots,t) \tag{14-5}$$

其中，$f_{ij}=\dfrac{y_{ij}}{\sum\limits_{i=1}^{n}y_{ij}}\,(i=1,2,\cdots,n)$，$k=\dfrac{1}{\ln n}$。$f_{ij}$ 表示第 j 个指标第 i 个对象该指标值的比重，且当 $f_{ij}=0$ 时，$f_{ij}\ln f_{ij}=0$。

求出熵值后，可根据式（14-6）得出第 j 项指标在该指标体系中所占的权重。

$$w_j=\frac{1-H_j}{\sum\limits_{j=1}^{t}(1-H_j)}(j=1,2,\cdots,t) \tag{14-6}$$

求出各二级指标权重后，对矩阵 $\boldsymbol{Y}$ 进行加权处理，得到加权后的评价矩阵：

$$\boldsymbol{Z}=(Z_{ij})_{n\times t}=(W_j y_{ij})_{n\times t} \tag{14-7}$$

为了客观反映各评价向量的相对地位，对矩阵 $\boldsymbol{Z}$ 再进行正交变换，以减弱相关联指标造成的评价信息的重叠和干扰。设 $\boldsymbol{Z}^{\mathrm{T}}\boldsymbol{Z}$ 的特征值为 $\lambda_1,\lambda_2,\cdots,\ \lambda_t(\lambda_1\geqslant\lambda_2\geqslant\cdots\geqslant\lambda_t)$，特征值对应的特征向量分别为 $\boldsymbol{\alpha}_1,\boldsymbol{\alpha}_2,\cdots,\boldsymbol{\alpha}_t$，令 $\boldsymbol{A}=(\alpha_1,\alpha_2,\cdots,\alpha_t)$。对 $\boldsymbol{Z}$ 作正交变换的评价矩阵，得

$$\boldsymbol{U}=(u_{ij})_{n\times t}=\boldsymbol{ZA} \tag{14-8}$$

构造理想评价向量 $\boldsymbol{d}^*=(d_1,d_2,\cdots,d_t)^{\mathrm{T}}$，$d_j=\max\limits_{1\leqslant i\leqslant n}(u_{ij})(j=1,2,\cdots,t)$，将 $\boldsymbol{d}^*$ 单位化得

$$\boldsymbol{d}_0^*=\frac{\boldsymbol{d}^*}{\left|\boldsymbol{d}^*\right|}=\frac{\boldsymbol{d}^*}{\sqrt{d_1^2+d_2^2+\cdots+d_t^2}} \tag{14-9}$$

最终可得到矩阵在理想评价方向上的投影值为

$$D_i=u_i\times\boldsymbol{d}_0^*=\frac{\sum\limits_{j=1}^{p}d_j u_{ij}}{\sqrt{d_1^2+d_2^2+\cdots+d_t^2}} \tag{14-10}$$

根据投影值 D_i 的大小可以对合作伙伴进行选择，D_i 越大代表候选企业成为合作伙伴的资质越高。

2. 黑龙江省创意产业集群企业合作伙伴选择

仍以上述平房动漫产业基地五个创意企业为例，现有创意企业 H 需要在 I、J、K、L 四家创意企业中选择一个最佳的合作伙伴。为了简化计算，H 企业根据图 14-2 的评价指标体系采用专家打分法按照 5 级评分标准进行评分决策，根据式（14-2）~式（14-4），结合 SPSS 19.0，得到各候选企业的综合评价无量纲化指标值，如表 14-1 所示。

表14-1　综合评价无量纲化指标值

候选伙伴	C_{11}	C_{12}	C_{13}	C_{14}	C_{15}	C_{16}	C_{17}	C_{21}	C_{22}	C_{23}	C_{24}	C_{31}	C_{32}	C_{33}	C_{34}
I 企业	3	4.5	4.5	3.5	3.5	4	4	4	4.5	4	4	2	2.5	4.5	4
J 企业	3.5	3	4	3.5	3.5	3	3	4.5	4	3.5	3.5	3	3	4	4
K 企业	4	3.5	3.5	4	3.5	3.5	3	4	3.5	2	2.5	3	3	2	2.5
L 企业	2	3.5	5	4	4	3.5	3.5	4	4	3.5	4.5	3	2	4	3.5

由于本评价采用了统一评分等级标准打分，因此该决策矩阵无须规范化。根据式（14-5）和式（14-6）可求得各指标权重，如表 14-2 所示。

表14-2　各评价指标权重

评价指标	C_{11}	C_{12}	C_{13}	C_{14}	C_{15}	C_{16}	C_{17}	C_{21}
权重	0.134 2	0.050 0	0.039 5	0.010 1	0.007 9	0.023 3	0.033 7	0.006 1
评价指标	C_{22}	C_{23}	C_{24}	C_{31}	C_{32}	C_{33}	C_{34}	
权重	0.017 8	0.132 3	0.098 8	0.060 4	0.058 6	0.179 0	0.148 2	

根据式（14-7）~式（14-10）可以计算投影值，如表 14-3 所示。

表14-3　综合评价投影值及排序

候选伙伴	投影值（D_i）	排序
创意企业 I	1.305 681	1
创意企业 J	1.241 161	2
创意企业 K	0.840 694	4
创意企业 L	1.157 895	3

可以根据 D_i 值的大小对待选创意企业的能力进行比较，结果表明创意企业 I 最符合核心企业 H 寻求合作伙伴的要求。

第四节　黑龙江省创意产业集群化成熟期企业协同竞争创新行为分析

协同竞争是指协同与竞争的对局企业相互转化、引导、依赖、联系的对立统一过程，竞争导致协同，协同引导竞争。就黑龙江省创意产业集群而言，集群内企业缺乏自发的协同竞争创新，集群从成长期至成熟期的过渡变得十分困难。黑龙江省创意产业集群要想长期、稳定发展，并建立自身的集群化衍生机制，就必须引导集群内创意企业间形成协同竞争创新的关系。

一、博弈模型建立

协作竞争创新行为多发生在小企业与核心企业间，以便更好地依托核心企业的资源优势，促进创新的迸发。因此，本章将研究的是核心企业与合作伙伴间的创新博弈行为。

核心企业 H 选择与创意组织单元 I 合作，通过多次合作，H 和 I 之间形成了一定的协同竞争创新机制，通过合作与竞争不断激发创新行为，促进集群稳定的发展。假设在协同竞争创新过程中，两企业都只有两个策略，即{合作（cooperate），背叛（refuse）}，即 $S=\{s_1, s_2\}=\{c, r\}$，且双方在做出决策时都不考虑该决策对另一参与企业的影响。在协同竞争创新过程中，H 采取合作的概率为 P_H，则背叛的概率为 $1-P_H$；I 采取合作的概率为 P_I，背叛的概率为 $1-P_I$。创意企业 H 和 I 不同的策略组合会产生不同的收益结果，而收益又是衡量协同竞争创新效益的重要指标。该博弈中的四个收益组合为

$$G=\{[G_H(c, c), G_I(c, c)]; [G_H(c, r), G_I(c, r)]; [G_H(r, c), G_I(r, c)]; [G_H(r, r), G_I(r, r)]\}$$

由此可得出在创意产业集群成熟阶段两企业间协同竞争创新行为的博弈矩阵，如表 14-4 所示。

表14-4　协同竞争创新行为的博弈矩阵

H 企业	I 企业		
	策略空间	合作	背叛
	合作	$[G_H(c, c), G_I(c, c)]$	$[G_H(c, r), G_I(c, r)]$
	背叛	$[G_H(r, c), G_I(r, c)]$	$[G_H(r, r), G_I(r, r)]$

收益和风险是创意产业集群内企业选择是否参与协同竞争创新行为的重要指

标。因此，引入以下相关因子定量化分析创意企业协同竞争创新的决策行为。

（1）贴现因子 δ。由于资金时间价值等原因，引入贴现因子表示未来收益折现的指标，$\delta \in [0,1]$。

（2）收入风险系数 η。只考虑未来收益而不考虑可能承受的风险的决策行为显然是盲目的，收入风险系数是衡量企业收入中各种风险因素的综合指标，$\eta \in [0,1]$。

（3）协同系数 r。对于创意产业集群而言，知识溢出效率越高，即集群内企业间越能及时地进行信息交流和共享，就越有利于提高集群的竞争实力。协同系数 r（r>0）与集群的这种竞争实力成正相关。也就是说，创意产业集群内企业的信息交流和共享效率越高，集群的协同效率（系数）就越高；反之则越低。

（4）创意产业集群信任度 θ。创意产业集群内的信任是通过企业多次合作形成的，呈理性递增。也就是说，θ（θ>0）值随着企业间合作次数的增加而递增，θ 越大，企业间越容易形成再次合作；反之就会背叛合作。

（5）合作产出效应系数 ω。合作产出效应系数与项目的难易程度、技术含量及整体利润率有关，是度量合作效果的综合指标。创新越容易、技术含量越低而整体利润越高，ω 就越大；反之则越小。

为了对创意企业间的协同竞争创新模型进行定量分析，通过对以往研究成果的借鉴，做出假设。

（1）H 企业和 I 企业合作进行技术或产品创新，合作的总投入为 S，H 企业投入份额为 h，I 企业投入份额为 i，且 $h+i=1$。

（2）如果两企业进行协作创新，收益按各自投入的份额分配，此时的收益与协同系数 r、信任度 θ、合作产出效应系数 ω 正相关；如果 H 企业愿意协作而 I 企业却背叛协作，那么 H 企业的投入可以当作 I 企业的所得，I 企业亦是如此；如果两企业都放弃协作创新，创新效应为 0，彼此的收益也为 0。

（3）双方收益应考虑风险系数，即风险折扣后期望收益 G=$\eta\times$ 收益−支出。

（4）期望收益的现值。根据贴现因子 δ，期望收益的现值为 NPV=$G\times\delta^{n-1}$，该指标是协同竞争博弈双方做出决策的最终依据。

以创意企业 H 为例，可计算出两企业协同竞争创新时 H 企业的策略与支付。

策略组合一：创意企业 H 与 I 都选择协同创新时，则 H 的期望收益现值为

$$\mathrm{NPV}_{G_{\mathrm{H}}(\mathrm{c,c})} = \delta_{\mathrm{H}}^{n-1} \times G_{\mathrm{H}}\left(\mathrm{c,c}\right) = \delta_{\mathrm{H}}^{n-1}\left[\eta_{\mathrm{H}} p_{\mathrm{H}} p_{\mathrm{I}} h\omega r_{\mathrm{H}}\left(1+\theta_{\mathrm{H}}\right)^{n-1} S - p_{\mathrm{H}} p_{\mathrm{I}}^{hs}\right] \tag{14-11}$$

即

$$\mathrm{NPV}_{G_{\mathrm{H}}(\mathrm{c,c})} = \delta_{\mathrm{H}}^{n-1} p_{\mathrm{H}} p_{\mathrm{I}} hS[\eta_{\mathrm{H}}\omega\gamma_{\mathrm{H}}(1+\theta_{\mathrm{H}})^{n-1} - 1] \tag{14-12}$$

策略组合二：H 愿意协同创新，I 选择竞争，则 H 企业损失的现值为

$$\mathrm{NPV}_{G_{\mathrm{H}}(\mathrm{c,r})} = \delta_{\mathrm{H}}^{n-1} \times G_{\mathrm{H}}(\mathrm{c,r}) = -\delta_{\mathrm{H}}^{n-1} p_{\mathrm{H}}(1-p_{\mathrm{I}})hS \tag{14-13}$$

策略组合三：H 选择竞争，I 愿意协同创新，则 H 企业的收益现值为

$$\mathrm{NPV}_{G_{\mathrm{H}}(\mathrm{r,c})} = \delta_{\mathrm{H}}^{n-1} \times G_{\mathrm{H}}(\mathrm{r,c}) = \delta_{\mathrm{H}}^{n-1}\eta_{\mathrm{H}}(1-p_{\mathrm{H}})p_{\mathrm{I}}iS \tag{14-14}$$

策略组合四：双方均选择竞争，则 H 企业的期望收益现值为

$$\mathrm{NPV}_{G_{\mathrm{H}}(\mathrm{r,r})} = 0 \tag{14-15}$$

据此，可以将 H、I 企业的协同竞争创新博弈的结果用支付矩阵表示，如表 14-5 所示。

表14-5　协同竞争创新博弈支付矩阵

策略		I 企业	
		合作	背叛
H 企业	合作	$\delta_{\mathrm{H}}^{n-1}p_{\mathrm{H}}p_{\mathrm{I}}hS[\eta_{\mathrm{H}}\omega\gamma_{\mathrm{H}}(1+\theta_{\mathrm{H}})^{n-1}-1]$， $\delta_{\mathrm{I}}^{n-1}p_{\mathrm{H}}p_{\mathrm{I}}iS[\eta_{\mathrm{I}}\omega\gamma_{\mathrm{I}}(1+\theta_{\mathrm{I}})^{n-1}-1]$	$-\delta_{\mathrm{H}}^{n-1}p_{\mathrm{H}}(1-p_{\mathrm{I}})hS$， $\delta_{\mathrm{I}}^{n-1}\eta_{\mathrm{I}}p_{\mathrm{H}}(1-p_{\mathrm{I}})hS$
	背叛	$\delta_{\mathrm{H}}^{n-1}\eta_{\mathrm{H}}(1-p_{\mathrm{H}})p_{\mathrm{I}}iS$， $-\delta_{\mathrm{I}}^{n-1}(1-p_{\mathrm{H}})p_{\mathrm{I}}is$	0,0

二、基于博弈模型的创意产业集群企业协同竞争创新行为

仍以创意企业 H 为例，在信息不完全条件下，选择合作还是竞争关键在于合作时的风险折扣后期望收益与竞争时的风险折扣后期望收益之间的差值 $\Delta\mathrm{NPV}_{G_{\mathrm{H}}}$ 大于等于零，即满足式（14-16）。

$$\Delta\mathrm{NPV}_{G_{\mathrm{H}}} = \sum_{=1}^{4}\mathrm{NPV}_{G_{i\mathrm{H}}}(p_{\mathrm{H}}=1) - \sum_{i=1}^{4}\mathrm{NPV}_{G_{i\mathrm{H}}}(p_{\mathrm{H}}=0) \geqslant 0\ (i=1,2,3,4) \tag{14-16}$$

由式（4-12）~式（4-15）和已知条件得

$$\begin{cases} \sum_{i=1}^{4}\mathrm{NPV}_{G_{i\mathrm{H}}}(p_{\mathrm{H}}=1) = \delta_{\mathrm{H}}^{n-1}hS[\eta_{\mathrm{H}}p_{\mathrm{I}}\omega\gamma_{\mathrm{H}}(1+\theta_{\mathrm{H}})^{n-1}-1] \\ \sum_{i=1}^{4}\mathrm{NPV}_{G_{i\mathrm{H}}}(p_{\mathrm{H}}=0) = \delta_{\mathrm{H}}^{n-1}\eta_{\mathrm{H}}p_{\mathrm{I}}iS \\ h+i=1 \end{cases} \tag{14-17}$$

将式（14-17）代入式（14-16），得

$$h = f(\omega,n,\gamma_{\mathrm{H}},\eta_{\mathrm{H}},\theta_{\mathrm{H}},P_{\mathrm{I}}) \geqslant \frac{1}{\omega\gamma_{\mathrm{H}}(1+\theta_{\mathrm{H}})^{n-1}+1-\frac{1}{\eta_{\mathrm{H}}P_{\mathrm{I}}}} \tag{14-18}$$

以上是创意企业 H 选择协同创新的约束条件，根据该约束条件具体分析创意企业 H 选择协同竞争创新行为的前提。

（1）当 $n,\gamma_{\mathrm{H}},\eta_{\mathrm{H}},\theta_{\mathrm{H}},p_{\mathrm{I}}$ 一定时，如果 ω 较大，h 可以相对较小；如果 ω 较小，

则要求 h 相对较大。由此引出第一个协同创新条件：当合作产出效应系数较大，即该合作的预期收益较高时，创意企业 H 即使在创新过程中的支配性（与投入份额正相关）较小，也愿意合作创新；相反，如果合作产出效应较小，即合作的预期收益较低时，创意企业 H 只有在创新中支配性较大时，才愿意合作。

（2）当 $\omega, n, \eta_{\mathrm{H}}, \theta_{\mathrm{H}}, p_{\mathrm{I}}$ 一定时，如果 γ_{H} 较大，h 可以相对较小；如果 γ_{H} 较小，则要求 h 相对较大。由此引出第二个协同创新条件：如果创意企业 H 的协同能力较强，那么即使创新过程中支配性小，H 企业也愿意合作；相反，如果创意企业 H 的协同能力较差，那么只有其支配性较大时，才愿意采取合作行为。

（3）当 $\omega, \gamma_{\mathrm{H}}, \eta_{\mathrm{H}}, p_{\mathrm{I}}$ 一定时，如果 n, θ_{H} 较大，h 可以相对较小；如果 n, θ_{H} 较小，则要求 h 相对较大。创意企业 H 选择协同创新的第三个条件：随着协同创新次数的增多，建立信任关系后，即使 H 在创新过程中支配性小，也愿意采取合作；未建立信任关系前，创意企业 H 只有支配性较大时，才愿意合作创新。

（4）当 $\omega, n, \gamma_{\mathrm{H}}, \theta_{\mathrm{H}}, p_{\mathrm{I}}$ 一定时，如果 η_{H} 较大，h 可以相对较小；如果 η_{H} 较小，则要求 h 相对较大。创意企业 H 选择协同创新的第四个条件：如果创新风险较大，即使创意企业 H 的投入较少，协同创新机制也能达成；如果创新风险较小，创意企业 H 必须通过加大投入促进协同创新联盟的形成。

（5）当 $\omega, n, \gamma_{\mathrm{H}}, \eta_{\mathrm{H}}, \theta_{\mathrm{H}}$ 一定时，如果 p_{I} 较大，则 h 可以相对较小；如果 p_{I} 较小，则要求 h 相对较大。创意企业 H 参与协同创新的第五个条件：协同竞争创新是双方的，一方愿意合作将会给另一方带来很大的激励。因此，对于创意企业 H 而言，如果对局企业 I 合作的意愿较大，那么即使 H 企业在创新过程中的支配性较小，也愿意合作；相反，如果 I 企业合作的概率较小，创意企业 H 只有在创新过程中支配性较大时，才愿意达成合作。

I 企业在协同竞争创新博弈中选择合作的条件如式（14-19）所示。

$$b = f(\omega, n, \gamma_{\mathrm{I}}, \eta_{\mathrm{I}}, \theta_{\mathrm{I}}, P_{\mathrm{H}}) \geqslant \frac{1}{\omega\gamma_{\mathrm{I}}(1+\theta_{\mathrm{I}})^{n-1} + 1 - \dfrac{1}{\eta_I P_H}} \tag{14-19}$$

在协同竞争创新博弈过程中，创意企业 H 和 I 都愿意创新的约束条件是

$$\begin{cases} a = f(\omega, n, \gamma_{\mathrm{H}}, \eta_{\mathrm{H}}, \theta_{\mathrm{H}}, P_{\mathrm{I}}) \geqslant \dfrac{1}{\omega\gamma_{\mathrm{H}}(1+\theta_{\mathrm{H}})^{n-1} + 1 - \dfrac{1}{\eta_{\mathrm{H}} P_{\mathrm{I}}}} \\ b = f(\omega, n, \gamma_{\mathrm{I}}, \eta_{\mathrm{I}}, \theta_{\mathrm{I}}, P_{\mathrm{H}}) \geqslant \dfrac{1}{\omega\gamma_{\mathrm{I}}(1+\theta_{\mathrm{I}})^{n-1} + 1 - \dfrac{1}{\eta_{\mathrm{I}} P_{\mathrm{H}}}} \\ h + i = 1 \end{cases} \tag{14-20}$$

为了简便计算，令 $\dfrac{1}{\omega\gamma_{\mathrm{H}}(1+\theta_{\mathrm{H}})^{n-1}+1-\dfrac{1}{\eta_{\mathrm{H}}P_{\mathrm{I}}}}=\sigma_{\mathrm{H}}$，$\dfrac{1}{\omega\gamma_{\mathrm{I}}(1+\theta_{\mathrm{I}})^{n-1}+1-\dfrac{1}{\eta_{\mathrm{I}}P_{\mathrm{H}}}}=\sigma_{\mathrm{I}}$，即 $h\geqslant\sigma_{\mathrm{H}}$，$i\geqslant\sigma_{\mathrm{I}}$。由图 14-3 得出协同竞争创新博弈中 H、I 企业合作的可行域。

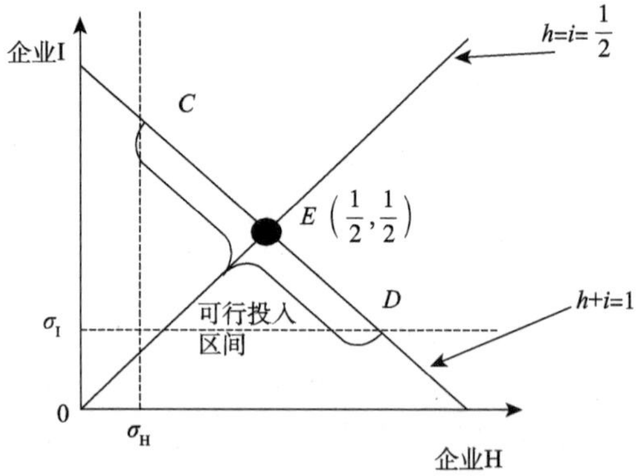

图 14-3　创意企业 H 与 I 达成合作的有效投入区间

从图 14-3 中可以看出区间[C,D]为 H、I 选择合作的可行区间，且在点 $E\left(\dfrac{1}{2},\dfrac{1}{2}\right)$ 处达到平衡。但在创意产业集群内，企业 H 处于核心地位，H 企业的竞争优势要远大于 I 企业。因此，H 企业的协同系数 γ 及可信任度 θ 都大于集群伙伴 I，即 $\gamma_{\mathrm{H}}>\gamma_{\mathrm{I}}$，$\theta_{\mathrm{H}}>\theta_{\mathrm{I}}$；此外，I 企业更迫切希望通过加入集群来降低成本、优化资源，因此 I 加入集群的概率大于 H，即 $p_{\mathrm{I}}>p_{\mathrm{H}}$；最后，一般而言，企业 H 的各方投入应相对多于企业 I，所以其承担的风险也比较大，即 $\eta_{\mathrm{H}}>\eta_{\mathrm{I}}$。由此可以得出 $\sigma_{\mathrm{H}}\leqslant\sigma_{\mathrm{I}}$，即 I 企业投入的最低限额大于 H 企业投入的最低限额。也就是说，I 企业合作的壁垒要高于 H 企业，加上资金、技术方面的限制给 I 企业加入集群造成了一定的难度。此时若要达成合作，核心企业 H 必须予以弥补或做出让步，这种弥补或让步可表现为加大资金和技术的投入或提高 I 的利润率等方面。因此，往往最终合作 H 的投入要大于 I，有效投入区间应该是[E，D]，且越趋向于 D 点时，合作就越趋于达成。因此，对于创意产业集群形成的过程而言，并非对局企业对等投入、对等承担风险和对等分享期望收益就能达成合作创新，这是由创意产业集群的特点造成的，即企业并非处于平等的地位。

创新是创意产业集群健康发展的核心要素，根据以上分析，可以通过提高合作创新产出效率、促进知识溢出、增加合作次数、改善企业投入比率及提高对局企业合作概率等措施来促进黑龙江省创意产业集群内企业创新行为的产生，为创意产业集群注入源源不断的活力。

第十五章　黑龙江省创意产业集群化衍生模式选择分析

第一节　创意产业集群化衍生模式

创意产业集群不是简单的创意组织单元在地理上的集聚，集群不仅包含着相关企业，还包含与集群发展相关的上、下游企业及组织机构等，是一个较复杂的有机体。通常来说，产业集群有如下几种模式。

一、政府主导型

政府主导型创意产业集群即“自上而下”的创意产业集群，是指在政府的相关战略规划下，通过一系列的投融资、税收等方面的优惠政策人为引导形成的创意产业集群。在该种类型的创意产业集群中，政府是资源配置的主导者，相关创意企业和机构在政府制定的一系列发展战略和引导政策下维持集群的运行。

二、区位诱导型

特定的地理位置，如资源较为丰富地区、创意产业发达地区、目标消费群体庞大的地区及靠近交易市场等，特定的区位都是触发该种集群模式的诱因。区位诱导型创意产业集群严格来说属于“自下而上”自发形成的集群。在集群形成的初期，企业由于区位吸引自发集聚，如北京的798，一些颇具名气的艺术家首先在此集聚进而带动更多的艺术家和艺术机构进入而自发形成集群。当然，在集群形成后期，政府也会主动介入，为确保集群稳定有序的发展而承担管理和协调的职责，使集群的发展更加完善和规范。

三、垂直关联型

垂直关联型创意产业集群是指在创意产业多层次的产业链上，上、下游创意企业间存在着原材料供应、成品、半成品和产品销售的投入产出联系的复杂型产业集群。创意产业中的传媒行业多采用该种集群模式。

四、水平关联型

水平关联型创意产业集群内的创意企业多属于同一产业，各企业生产或销售的产品大致相同，面对相同的市场和客户。因此，水平关联型创意产业集群内的企业多通过产品的差异化来避免同质竞争，创新在该种模式下显得尤为重要。中关村就是典型的水平关联型创意产业集群，集群内企业都以科技为主，存在激烈的竞争，因此必须通过不断创新提供差异化产品获得生存。

五、龙头企业带动型

产业的核心由整个产业中的几个龙头企业组成，众多的小企业围绕这几个龙头企业形成几个体系，而几个体系之间既存在联系，也存在竞争。这种模式的益处在于可以充分发挥大型企业的资源优势，带动周边中小企业的发展，整个产业以龙头企业的需求为中心，从而降低生产、运送、库存成本。

第二节　创意产业集群化衍生模式选择原则

创意产业集群的衍生模式与创意产业所处的内外部环境都有着密切的关系，创意源、资金、技术、人才等都对创意产业具有十分重要的影响。因此，选择创意产业集群的衍生模式时必须严格遵循如下原则，以便最高效率地综合运用各种要素。

1. 互利性原则

创意产业以集群化模式发展的主要目的就是通过集聚形成规模效应，集群是诸多利益集团的集合，各成员间形成稳定的竞合关系都是为了获得超出个体经营时的经济效益。因此，黑龙江省的创意产业集群衍生模式必须充分发挥各创意企业、相关机构甚至政府的竞争优势，最大化促进资源的优化配置，以实现创意产业集群的多赢局面。

2. 高效性原则

创意产业集群中几乎所有的企业都是因地缘性或是产业关联性而选择在同一地区聚集，任何一个企业或机构出现问题都将影响到集群内的其他相关企业或机构。因此，黑龙江省在选择创意产业集群衍生模式时应注重集群的协调性和快速的应变能力，所选择的集群模式必须保证集群内的信息流畅通，以便集群内相关企业能够及时调整战略，提高集群的整体稳定性。

3. 创新性原则

创意是创意产业的基础，创新则是创意产业集群的活力标志。在选择创意产业集群的衍生模式时，必须保证在该模式下能够促进集群不断创新，要充分分析创意产业的行业特点、所处的内外部环境及生命周期等各种因素，以培养创意产业集群的创新能力，促进集群的稳健发展。

第三节　黑龙江省创意产业集群化衍生模式选择

产业集群合理的发展模式原则是：因地制宜、因产业而异，以利于取得集聚效应。并且无论创意产业集群选择何种衍生模式，政府的帮助和扶植都是不可或缺的。

黑龙江省作为东北老工业基地及东北地区亚经济圈的核心，第二产业是振兴该省经济的重要渠道，但其在发展过程中不断面临资源紧缺、传统产业缺乏核心竞争力的问题。因此近年来，黑龙江省开始大力发展创意产业，以期将丰富的资源优势转变成产业优势，使创意产业成为推动全省经济发展的核心优势。要想在发展创意产业的同时保护黑龙江省的历史文化遗产、提高第三产业在该省国内生产总值（GDP）中的比重、真正推进黑龙江省的产业结构升级和实现经济增长方式的转变，就必须构建符合黑龙江省区域特色的创意产业带体系。因此，结合黑龙江省区位优势，选择适当的创意产业发展模式以促进黑龙江省产业结构调整和升级，是提高黑龙江省创意产业核心竞争力的关键。

黑龙江省的文化多元性为大力发展创意产业提供了优越的条件，但创意产业的发展更是过分强调意识形态，忽略了创意产业的品牌性和产业性。创意企业多表现出“小”“散”“乱”的特征，从而导致了各类创意产业普遍规模较小、经营分散、自主创新能力较弱。即使是创意产业集聚区内的各创意单元，也表现出缺乏资源禀赋和技术创新能力，单个创意企业还不具备独立将创意转化为产品的价值创造能力。因此，黑龙江省创意产业集群化衍生初期政府的主导力量会较为明显，政府在制定创意产业政策的同时还需制定配套的空间策略，对创意产业向哪些园区布局做大体的分工，促进创意产业布局的有序发展，避免相互盲目竞争，引导产业集群的形成。

在雏形创意产业集群内逐渐形成良好的集群发展生态并获得一定的经济效应后，企业间的联系和合作日益加强、专业化分工逐步深化、互补合作企业显著增加、产业链初步形成，此时企业面临的风险和不确定性大大降低。但在这一阶段，由于企业间还未建立长期稳定的信任合作，创意产业链仍不完整，此时继续采用政府主导的自上而下集群衍生模式虽然能够吸引很多大企业入驻集群，但却不利于集群自调节、自增长和自适应能力的增强，集群内企业间的信任度较低、对政府的依赖性也较强，这将不利于创意产业集群的长远发展。此时应该采取市场主导型的自下而上的集群衍生模式，需要注意的是，在创意产业以市场为导向进行集群化衍生的过程中仍然离不开政府的调控，两种模式的优势互补能够促进创意产业集群长远的发展。因此，黑龙江省创意产业集群要获得稳健发展的前提是：市场导向为核心、政府积极参与。

以下将通过对区位诱导型、垂直关联型、水平关联型及龙头企业带动型几种模式的比较分析，并根据该黑龙江省的资源禀赋、经济发展水平及创意产业的具体情况，科学地选择一种以市场为导向的创意产业集群衍生模式。

区位诱导型创意产业集群的形成往往是由于当地该产业的自然资源丰富，可以在很大程度上降低资源搜索、运输和使用的成本。黑龙江省的冰雪资源和自然资源丰富，有利于形成以区位诱导型的创意产业集群，并且由于该类自然资源的稀缺性和地区分布的非均衡性，在短期内该类集群的确能够获得较快的发展。但是，自然资源是有限的，创意企业由于区位诱导而形成集聚会造成资源的过度开发，会对黑龙江省的生态环境造成一定的负担。此外，所有的创意企业都因某类资源而进行集聚，创意产业缺乏特质性和品牌优势，各企业针对相同的资源进行开发利用，容易在集群内形成恶性竞争，不利于创意企业的长期发展。一旦某种资源消耗殆尽，此类创意产业集群随即消失。因此，单一的区位诱导型创意产业集群不利于黑龙江形成具有自身品牌特色、能够长远发展的创意产业集群。

垂直关联型创意产业集群多运用于产业链层次较多的创意产业，由于上下游企业之间存在，如原料供应、成品或半成品生产和销售等复合关系。因此，采用垂直关联型集群衍生模式的优点在于集群内的创意企业能够专注于产业链的某个环节，做精做强，能够增强创意企业的抗风险能力。但正是由于产业链上下游企业间的复杂关系，一旦产业链发生断裂或创意企业的需求发生变化，该创意产业的产业链随即发生断裂，并且这一产业链的断裂会危及整条产业链上的各个创意企业，创意产业集群的稳定性和健康性遭到破坏。

水平关联型创意产业集群实质上是同一产业集群，集群内企业大多从事相同或相关产品的生产经营，面对共同的市场和客户，创意企业间的竞争较为激烈，获得市场的唯一方法就是提供差异化的产品来避免同质竞争。水平关联型创意产业集群的优点在于差异化的竞争能够促进创意企业的不断创新，为集群注入源源不断的活力。与其他几种集群衍生模式相比，水平关联型创意产业集群内的竞争更为激烈并存在一系列的风险。首先，如果企业间的竞争产用成本领先战略压制竞争对手，虽然能节省大量的成本，但产品会由于缺乏良好的形象和服务流失部分客户，这对创意企业的长期发展不利；其次，由于水平关联型创意产业集群内企业本来就属于同一产业，且为获得竞争优势会不断进行创新，这就会导致产品的模仿越来越强，差异越来越小，集群内衍生机制紊乱，企业间存在投机主义，最终导致创意产业集群内缺乏健康的运营机制。

龙头企业带动型创意产业集群可以说汲取了以上几种集群模式的优点，其龙头企业具有如下基本特征：①规模大、效益好、示范带头作用明显；②具有较高的市场占有率和较强的市场开阔、科技创新、品牌培育能力；③具有较为完善的经营管理体制；④与交易对象有可靠的利益联结机制。集群内的中小企业围绕龙头企业的多层外包、下包供应链分布于其生产链的上、下游，从而形成一个分工协作的生产体系。集群内的龙头企业通过这种形式将利益转移给中小企业，从而带动整个集群的发展。对于黑龙江省而言，其创意产业集群还表现为一种低层次的“小企业群生型”，单个创意单元还缺乏自主创新、独立完成价值增值的能力，龙头企业带动型产业集群模式则可以有效地解决这一问题。龙头企业负责集群内核心技术并将非核心价值链环节交付于中小企业，一方面可以维持中小企业的生存，同时中小企业可以在某领域做精、做强，不断提升自我竞争力。另一方面，龙头企业在该产业分工中也不断稳固自己的龙头地位。整个集群内的企业都能够降低生产成本、实现规模经济，使创意产业集群成为一个紧密联系的整体。

以黑龙江省大庆文化创意产业园为例，该园区位于大庆生态科技商务区，周边有大庆石油学院、八一农垦大学、哈尔滨医科大学等院校，占地 40.39 万平方米。该创意产业园就是以大庆百湖影视传媒有限公司为龙头企业，与大庆纳奇网络开发有限公司、大庆高新区规划建筑设计院、大庆盛源文化传播有限公司、大璞百湖文化传播有限公司等共同组建，是一个从事文化创意产业的综合产业基地。截止到 2010 年 6 月，该创意产业园已经吸引了 48 家文化企业和 138 为艺术家，可实现年销售收入 10 亿元。龙头带动型创意产业集群的发展模式在该园区取得了良好的社会效益和经济效益。

经过比较分析和实际状况认为，黑龙江省创意产业集群应大力培育各产业的龙头企业，并通过龙头企业带动整个集群的发展。首先，如果创意产业集群内缺乏核心企业而只是由一些中小企业组成，它们缺乏创新所需要的投资，并且一旦创新成果“外溢”，创新企业将无法获得与自身投入相对应的收益，此时的创意企业不会选择主动创新，创意产业集群将缺乏发展的活力源泉；其次，龙头企业带动型创意产业集群衍生模式能够提高创意企业的专业化程度，对外界环境变化及时应变，能够增强龙头企业的核心竞争力，提高创新效率；最后，龙头企业带动型创意产业集群衍生模式能够促进集群内的技术扩散和知识流动，独特的技术和知识传递链条能够有效带动整个创意产业集群的优化升级。就整个黑龙江省而言，创意产业集群内的龙头企业地位不明显，不能发挥龙头企业在技术创新、产品优化升级、企业管理等方面引领者的作用。因此，可以从以下几方面入手促进创意产业集群向龙头带动型集群的转型和升级。

（1）引导企业的兼并与合作，控制企业数量。龙头企业带动型创意产业集群能够有效减少集群内的无序化竞争，而较少的中心企业数量则更容易巩固龙头企业的地位。黑龙江省创意产业集群往往存在共同的问题：创意产业集群内的大企业未能透过自身技术和品牌确立优势地位，与众多创意企业存在同质竞争，因而难以发挥龙头作用。因此，可以通过兼并与合作的方式减少创意产业集群内的企业数量，避免同质竞争，真正发挥龙头企业的带动作用。

（2）重组产业链，中心企业趋于两极化。对于黑龙江省众多创意产业集群而言，集群内的中心企业几乎存在于产业链的每一阶段。因此，可以对产业链进行纵向分化，中心企业退出产业链中间，向两极发展，专注于产业链的核心环节，稳固其龙头企业的地位。

（3）整合空间布局，开发产业园区政策。政府应鼓励创意企业进入产业园区以免导致龙头企业与其配套生产企业在空间上的隔离，通过地理上的集聚为中小企业降低成本，同时以最快速度使中小企业获得龙头企业的技术辐射。

第十六章　黑龙江省创意产业集群化衍生的对策及建议

第一节　宏观方面的对策与建议

一、促进产业结构优化升级

首先，黑龙江省作为东北老工业基地，其以往的经济增长主要是依附于资源型、原子号产业，如原油、天然气等，第三产业在产业结构中占有较低比重，服务业、高新技术产业和新兴产业的发展都比较滞后；其次，黑龙江省的产业链条较短，产业链上的上、下游配套生产企业都不在本省，因此产业的配套能力较低；最后，黑龙江省企业多是依托省内传统资源，企业的自主创新能力不强，科研能力较弱，不利于黑龙江省经济发展方式的转变，同时也阻碍了创意产业集群的稳健发展。要推进产业结构的优化升级，可以从如下几点着手。

（1）大力发展战略型新兴产业，培育新的经济增长点。传统的经济发展方式已不能满足黑龙江省经济发展的需求，资源不是取之不尽、用之不竭的，黑龙江省应尽快培育新的经济增长点，将战略型新兴产业作为未来发展的重点，努力提高全省的自主创新能力，以促进本省经济的可持续发展。

（2）优化升级传统资源优势，提升产业竞争力。黑龙江省深厚的黑土地文化资源及悠远的历史沉淀是促进本省产业结构优化升级得天独厚的条件，应充分利用传统的资源优势发展第三产业，形成其他城市或地区无法模仿的核心产业竞争力。

（3）加快发展现代服务业、打造拉动经济增长的新引擎。要坚持市场化、社会化、产业化的新方向，积极促进科技服务业、物流产业、旅游业、物联网、云计算等服务业的发展。充分发挥规划的引导作用，大力支持创意产业园区的建设，促进文化产业规模化、集约化发展。

二、加强政府诱导与政府支持

作为新兴产业的创意产业具有多行业交叉渗透的特性，涉及多个部门的参与，所以需要一个权威性的专门机构进行协调，而政府则是担任这一协调者的最权威机构，因此创意产业集群化衍生的任何阶段都离不开政府的引导和支持，政府的宏观引导和支持是创意产业集群健康发展的根本保证。在黑龙江省创意产业集群化衍生的初期，由于对集群环境的不确定性，创意企业不敢贸然加入集群，此时需要政府进行整体规划，通过一系列的优惠政策和投融资扶植来引导创意企业在布局的创意产业园区内聚集，政府的引导在该阶段占据主导地位。在集群形成后，由于集群已具产品原创、制作和衍生产品开发于一身，这种生产模式往往存在较大的风险，政府可以为创意产业集群提供较为广阔的投融资渠道，使更多的中小企业都能较快获得资金来源，保证产业链条不断裂。另外，在创意产业集群形成后，需要政府出面规范集群内企业行为、协调产业发展，引导集群内形成良性的竞合机制，避免盲目竞争，促进创意产业集群稳健、长远发展。

需要强调的是，市场才是决定创意产业发展兴衰的决定性力量，即使是政府推动也必须遵循以市场为导向的原则，政府的功能主要在于弥补市场的不足，而不能取代或压制市场的作用。

三、实施产权保护打造文化创意品牌

创意是创意产业的核心，创意产业重视创意向形成知识产权成果的转化，知识产权更是整个创意产业链上最核心的要素。与传统产业相比，创意产品更容易被模仿或复制，在创意产业集群内，如果集群内企业都对其他企业的创意或产品肆意进行模仿，会使集群内企业逐渐失去其核心竞争力，同时还会降低集群内创意企业不断创新的积极性，更不利于集群内形成良性的竞合关系。因此，加强知识产权保护是营造创意产业集群发展优良环境的关键。

要保护创意产业的知识产权，首先要在全社会营造尊重知识创新的氛围，从整体上提高全社会的知识产权保护意识；其次，要完善知识产权保护的法制体系，增强知识产权保护的执法力度，依法深化对创意产业知识产权的规范化管理；最后，应通过构建知识产权交易平台等措施建立完善的创新成果与产业化转化的服务体系，充分激发和调动创新人才不断挖掘新创意的精神。

知识产权保护是打造文化创意品牌的前提，对于黑龙江省而言，创意产业发展较晚，规模较小，缺乏知名的创意品牌，应该通过品牌战略和品牌创意产业集聚区建设提高黑龙江省创意产业集群的特有核心竞争力。现阶段来说，加强品牌建设可以从具有龙江特色的品牌入手：首先是以冰雪和森林为代表的自然风光，如亚布力滑雪场；其次是多元的少数民族风土人情，如鄂伦春族、朝鲜族、满族等少数民族风情园的建设；最后，还可以通过加强北大荒品牌、哈尔滨啤酒节等特色的市场辐射，培育家喻户晓的品牌特色，带动黑龙江省创意产业集群的发展。

第二节　微观方面的对策与建议

一、培育特色产业链条

黑龙江省具有丰富的资源禀赋，以冰雪、黑土地、生态园区为特色的创意产业领域稍具优势，但同其他创意产业发达地区和国家相比，黑龙江省的创意产业仍然存在规模较小且缺乏核心竞争力等问题。要促进黑龙江省创意产业健康、长远的发展就必须打造一条“上游开发、中游扩展、下游衍生”产业链各环节紧密相连的创意产业链条。

黑龙江省近年来正在大力发展动漫与网络游戏产业集聚区的建设，虽然集聚区内已有多家企业进驻并且与多家高校联合培养动漫和网络游戏人才，为动漫与网络游戏产业提供支持，但要使动漫和网络游戏产业真正成为黑龙江省的品牌创意产业就必须加强各类资源的整合，应在集群内从创意产品的原创、设计、生产到消费各环节入手打造一条完整的产业链条，推动整个产业的发展。在这一过程中要加强龙头企业的带动作用，培育具有产业特色的产业链条，真正意义上提高黑龙江省创意产业的竞争力。

二、推进公共服务平台建设

构建公共服务平台主要是出于区域经济和文化发展的需求，而针对某类用户群体某一时期的公共需求，通过组织整合、集成优化各类资源，提供可共享的基础设施、设备和信息资源共享的各类渠道，从而达到减少重复投资、提高资源利用率和加强信息共享的目的。目前，黑龙江省创意产业的发展还处于初级阶段，构建创意产业公共服务平台可以有效地整合社会资源、发挥集聚效应、培育创意市场、打造和完善创意产业链，实现创意到产品的高效转化。

黑龙江省创意产业集群要长期稳定的发展，其公共服务平台必须满足如下几个要求：①信息共享。创意产业集群作为一个开放动态系统，高效的信息流动不但可以减少单个创意企业获取信息的成本，还能够促进集群内的知识创新，为创意产业注入源源不断的活力；②人才培育。人才是制约企业发展最主要的原因之一，对于创意产业而言，个体的智慧、创造能力和创造精神更是产业发展的核心动力。因此，创意产业集群公共服务平台必须能够形成一套吸引、培育、留住人才的机制体制。政策的吸引，高校形成的产、学、研机制和营造良好的集群环境等都能够有效地吸引创意人才；③金融服务。创意产业集群内企业多是中小型企业，企业的生存和发展主要依靠智力和创意，在将创意转换为产品时往往出现资金短缺的情况。因此，黑龙江省创意产业集群公共服务平台可通过与相关投、融资机构合作，为企业提供更多的融资渠道，鼓励和扶植创意企业的创新活动；④技术支撑。创意产业集群内的公共服务平台必须能为集群内企业提供公共的开发、测试等技术服务，一方面能够解决集群内创意企业研发困难的问题，另一方面又能够促进创意产业集群的技术扩散和转移，激励技术创新。

三、加强创意产业集群内的知识溢出

知识溢出是创意产业集群形成的主要动力。在创意产业集群内，一个企业通过创新所形成的在技术、市场或企业管理方面的知识会通过外溢成为集群中的公共知识，想要获得这种知识的企业只有通过在空间上的集聚才能及时、准确地获取该知识，创意产业集群规模逐步扩大。此时，该企业加入集群的边际收益一定大于相应的知识溢出的边际成本，并且一旦该企业离开集群就会丧失对新知识的获取，所以知识溢出是驱动创意产业集群形成的内在动力。并且知识溢出的过程能够刺激企业家精神的培养和创意企业的衍生、提升集群内企业的学习和自主创新能力，能够真正实现集聚的规模效应。

要加强创意产业集群内的知识溢出可以有如下途径：①保持企业间合作渠道的畅通。创意集群内企业间的合作创新是知识溢出的主要渠道，通过双方的合作可以实现技术、人力、资本等生产要素的共享和互补，从而实现规模经济。但集群中的创意企业往往存在机会主义心理，希望分享对局企业的创新成果而不愿意公开自己的知识积累。因此，创意可以引入关系契约提高企业履行合作的信用，保持合作渠道的畅通，更好地实现知识共享和互补；②加强与高校、科研机构的联系。科研和科研机构是创意产业的主要知识储备，拥有最前沿的知识积累和最强的创新能力，通过与高校或科研机构的合作形成产、学、研一体的创意产业知识互补结构，能够有效提高知识溢出的效率；③促进人员交流。创意产业集群内创意人才的非正式交流是知识流动的重要途径，可以通过公共服务平台建设加强创意人才间的交流，从而促进新知识、新方法、新技术等在集群内的共享。

四、完善人才培养与使用机制

黑龙江省创意产业的发展起步较慢，导致其创意产业从业人员数量严重不足，多数从业者只是技能型执行者，创意产业集群内缺乏富有特殊技能或专业特长的核心创意人才，而核心人才往往是创意企业的核心竞争力。黑龙江省创意产业的发展若要不受制于人，真正发挥创意产业集群的自主协调机制就必须拥有大量核心的创意人才。因此，创意人才的培养和运用显得尤为重要。

要培养创意人才，应在全社会营造创意氛围，如广泛开展“创意教育”，激发群体的创意精神。要拓宽人才选拔的渠道，可以与高校建立合作培养机制，让高校成为复合型创意人才培养的沃土。创意产业集群内企业还应科学合理地配置人力资源，并通过一系列的优越条件吸引创意人才的集聚。在创意产业集群内，还应经常开展交流与学习活动，不断提高创意企业从业人员的专业技能、激发创意人才的创新精神。最后，需建立规范的人才管理机制，提高创意产业从业人员的综合素质。

参 考 文 献

安小风，张旭梅，张慧涛. 2010. 供应链知识流模型及知识流动影响因素研究[J]. 科技管理研究，(1)：191-193.

鲍枫，沈颂东. 2013. 文化创意产业竞争力评价与集聚水平的关系分析[J]. 当代传播，(1)：84-86.

波特 M. 2003. 竞争论[M]. 高登第，李明轩译. 北京：中信出版社.

蔡荣生，王勇. 2009. 国内外发展文化创意产业的政策研究[J]. 中国软科学，(8)：77-84.

曹如中，刘长奎，曹桂红. 2011. 基于组织生态理论的创意产业创新生态系统演化规律研究[J]. 科技进步与对策，28(3)：64-68.

曹如中，郭华，付永萍. 2013. 促进我国创意产业集群发展的战略思考[J]. 科技管理研究，(9)：62-66.

曹兴，徐焕均，刘芳. 2009. 企业内部知识流动行为及其影响因素研究[J]. 财经理论与实践，30(160)：69-74.

柴国荣，龚琳玲，李振超. 2011. 产业集群合作创新中信任关系的演化博弈分析[J]. 科技管理研究，(2)：36-38，73.

陈清华. 2010. 文化创意产业知识溢出效应研究[J]. 南京社会科学，(5)：34-38.

陈野华. 2006. 行为金融学[M]. 成都：西南财经大学出版社.

陈颖. 2011. 创意产业集聚区环境对创意企业竞争优势的作用机制研究[D]. 东华大学硕士学位论文.

陈永广，韩伯棠，李燕. 2011. 基于知识流动视角的跨国公司研发国际化的国外研究述评[J]. 科技进步与对策，28(16)：156-160.

楚彬彬，阮建海. 2009. 从耗散结构论的角度讨论构建竞争情报系统的要素[J]. 情报杂志，(4)：74-77.

崔彩周. 2012. 创意产业发展困境与破解路径探析[J]. 特区经济，(3)：276-278.

戴伟辉，刘寿吉，周缨. 2009. 创意产业的生态群落模式及专业性公共服务平台研究[J]. 科技进步与对策，26(17)：49-53.

戴勇，朱桂龙，肖丁丁. 2011. 内部社会资本、知识流动与创新——基于省级技术中心企业的实证研究[J]. 科学学研究，29(7)：1046-1055.

丁瑨. 2009. 复杂知识网络的结构特征对知识流动的影响[D]. 上海交通大学硕士学位论文.

丁立群，李永周. 2010. 知识流动促进产业集群创新评价研究[J]. 工业技术经济，28(11)：55-59.

董秋霞，高长春. 2012. 基于熵值法和 TOPSTS 法的创意产业集群网络式创新能力评价研究[J]. 软科学，26（4）：12-16.
杜海东，关冬梅，刘捷萍. 2008. 中国创意产业发展战略：基于创意人才培养视角下的研究[J]. 中国科技论坛，（8）：45-48，67.
杜慧娟. 2010. 基于社会网络分析的产业集群隐性知识共享研究[D]. 燕山大学硕士学位论文.
段钧锴. 2011. 动漫产业集群竞争力研究[D]. 浙江大学硕士学位论文.
段云龙. 2010. 基于主成分投影法的企业持续技术创新能力评价与应用[J]. 科技进步与对策，27（10）：96-99.
范长虹. 2012. 我国文化创意产业发展对策研究[D]. 大连海事大学硕士学位论文.
冯筱，刘虹，包晓雯. 2011. 伦敦创意产业空间集聚研究[J]. 上海城市规划，（5）：13-11.
符韶英，徐碧祥. 2006. 创意产业集群化初探[J]. 科技管理研究，（5）：53-54.
付永萍，曹如中. 2013a. 城市创意产业集聚化发展研究[J]. 科技进步与对策，（2）：1-6.
付永萍，曹如中. 2013b. 城市创意产业集聚化发展研究[J]. 科技进步与对策，（4）：55-59.
高红岩. 2010. 文化创意产业的政策创新内涵研究[J]. 中国软科学，（6）：80-86，105.
高晚欣，李冰. 2012. 政府知识管理的框架模型与运行机理研究[J]. 情报理论与实践，35（3）：23-27.
龚雪. 2013. 自发型创意产业集聚区形成机理研究[J]. 技术经济与管理研究，（4）：120-123.
龚雪，高长春. 2007. 创意产业的发展与长沙产业结构调整研究[J]. 经济纵横，（12）：90-92.
龚艳萍，彭希，彭盾. 2010. 基于流体力学的创新系统知识流动分析[J]. 华东经济管理，24（4）：118-121.
郭鸿雁. 2008. 创意产业链与创意产业集群[J]. 当代经济管理，30（7）：38-40.
郝思洁，王茜. 2012. 创意产业集聚形成机制的框架研究[J]. 西安社会科学，30（1）：118-121.
贺媛媛，刘军. 2013. 基于价值链的文化创意产业集聚发展路径分析[J]. 中国高新技术企业，（1）：1-3.
侯金燕，于志伟，宋雅静. 2013. 从学习型区域视角看创意产业集群化[J]. 山东工商学院学报，27（3）：22-27.
胡枭峰. 2011. 区域创新网络结构特征对区域知识流动的影响研究[D]. 杭州电子科技大学硕士学位论文.
胡瑶瑛，李煜华，谭金艳. 2012. 黑龙江省创意产业集群知识互补度的神经网络评价[J]. 科技与管理，14（3）：83-86.
华连连，张悟移. 2011. 知识流动及相关概念辨析[J]. 情报杂志，29（10）：112-117.
华正伟. 2011. 文化创意产业集群空间效应探析[J]. 生产力研究，（2）：9-10.
黄江，胡晓鸣. 2011. 创意产业企业空间分布研究——以杭州为例[J]. 经济地理，（11）：34-35.
霍明奎. 2012. 基于知识流动的产业集群知识创新研究[J]. 长春理工大学学报，23（2）：36-38.
江青虎，余红剑. 2009. 产业集群的知识流动与动态能力形成研究[J]. 全国商情（经济理论研究)，(9)：4-6.
姜原子，刘婷. 2011. 基于超循环理论的企业知识创造过程研究[J]. 科技管理研究，31（1）：168-172.
蒋三庚. 2009. 中央商务区文化创意产业集群发展类型与特点[J]. 经济与管理研究，(3)：83-86.
金元浦. 2009. 文化创意产业的多种概念辨析[J]. 同济大学学报（社会科学版），20（1）：47-48.
雷宏振，宋立森. 2011. 文化产业集群内组织间的知识外溢对知识创新的影响研究[J]. 软科学，(4)：14-18.
李宝值，梁亮，于涵. 2009. 浙江创意产业集聚分析[J]. 浙江金融，(9)：11-36.
李丹丹，张倩肖. 2015. 基于EG指数的我国旅游产业集聚研究[J]. 理论与改革，(1)：22-23.
李海超，刘化飞. 2009. 我国创意产业发展现状及其策略研究[J]. 科技管理研究，(1)：1-2.
李好，陈军. 2011. 创意产业经济网络的分析与决策——基于有向节点赋权网络的测度方法[J]. 华东经济管理，25（6）：151-154.
李琳. 2006. 高新技术产业集群中的知识流动分析框架[J]. 科技管理研究，(6)：90-93.
李煜华，綦良群. 2010. 基于主成分投影法的东北老工业基地产业集群伙伴选择研究[J]. 科学学与科学技术管理，31（4）：95-98.
李煜华，张铁男，舒喆醒，等. 2008. 东北老工业基地产业集群入群行为博弈分析[J]. 科学学与科学技术管理，29（6）：72-77.
李煜华，柳朝，胡瑶瑛. 2011. 基于博弈论的复杂产品系统技术创新联盟信任机制分析[J]. 科技进步与对策，28（7）：5-8.
李煜华，胡瑶瑛，谭金艳. 2012a. 创意产业集群合作伙伴入群的羊群行为研究[J]. 科技与管理，14（4）：24-28.
李煜华，谭金艳，胡瑶瑛. 2012b. 基于BP神经网络的创意产业集群知识互补度评价[J]. 统计与决策，(14)：46-48.
李煜华，高杨，胡瑶瑛. 2012c. 基于结构方程模型的复杂产品系统技术扩散影响因素分析[J]. 科研管理，33（5）：146-152.
李煜华，李听，胡瑶瑛. 2013. 创意产业集群企业间双向知识流动影响因素分析[J]. 科技与管理，15（2）：1-4.
李煜华，聂德才，胡瑶瑛. 2014. 基于演化博弈的创意产业集群知识共享策略研究[J]. 商业研究，(2)：24-29.
李煜华，刘洋，胡瑶瑛. 2015a. 科技型小微企业与科技型大企业协同创新策略研究——基于动态演化博弈视角[J]. 科技进步与对策，32（3）：90-93.
李煜华，王月明，胡瑶瑛. 2015b. 基于结构方程模型的战略性新兴产业技术创新影响因素分析[J]. 科研管理，36（8）：10-17.
厉无畏. 2007. 创意产业导论[M]. 上海：学林出版社.
厉无畏. 2010. 金融危机下的中国创意产业发展[J]. 社会科学研究，(1)：21-25.

厉无畏. 2012. “十二五”规划与发展创意产业促进经济发展方式的转变[J]. 现代经济探讨,(9): 5-8.
厉无畏，于雪梅. 2007. 中国和欧洲城市创意产业发展的比较研究[J]. 世界经济研究，(2): 51-56.
连玮佳，李健. 2010. 隐性知识传递对于我国创意产业集聚的影响[J]. 科学学与科学技术管理，(8): 113-116.
廖志江，高敏，廉立军. 2013. 基于知识势差的产业技术创新战略联盟知识流动研究[J]. 图书馆学研究，(1): 18-20.
林孔团. 2014. 福建省文化创意产业模块化集群发展探析[J]. 发展研究，(1): 52-55.
林肖康. 2013. 中国创意产业发展现状分析及对策[J]. 神州旬刊，(1): 17-18.
林筠，杨雪，李随成. 2008. 隐性知识交流和转移与企业技术创新关系的实证研究[J]. 科研管理，29(5): 16-23.
刘二亮，纪艳彬. 2011. 基于联盟成员知识特性的知识联盟组织间知识共享研究[J]. 西安电子科技大学学报(社会科学版),(4): 7-11.
刘江日，李永周. 2012. 高校科技产业形成机制研究[J]. 中国高校科技与产业化，(4): 72-73.
刘利永，黄琳，张京成. 2008. 中国创意产业发展的关键性问题及新思路[J]. 中国科技论坛，(10): 41-45.
刘寿吉，戴伟辉，周缨. 2009. 创意产业的生态群落模式及专业性公共服务平台研究[J]. 科技进步与对策，(17): 49-53.
刘友金，杨继平. 2002. 集群中企业协同竞争创新行为博弈分析[J]. 系统工程，20(6): 22-26.
陆淑敏，饶元，金莉. 2013. 面向科技融合的文化创意产业协同创新机制研究[J]. 西安交通大学学报，33(3): 15-26.
吕学武，范周. 2007. 文化创意产业前沿[M]. 北京：中国传媒大学出版社.
马歇尔 A. 1981. 经济学原理[M]. 朱志泰译. 北京：商务印书馆.
买忆媛，梅琳，Zheng Y F. 2011. 无形资本 VS 有形资本：创意产业新企业生存能力的影响因素分析[J]. 管理学报，8(4): 577-586.
毛磊. 2010. 演化博弈视角下创意产业集群企业创新竞合机制分析[J]. 科技进步与对策，27(8): 104-106.
毛磊. 2013. 演化博弈视角下创意集群创新网络的企业合作行为研究[J]. 统计与决策，(1): 54-56.
倪锋. 2006. 创意产业：内涵、特征和驱动因素[J]. 企业经济，316(12): 119-121.
潘瑾，李崟，陈媛. 2007. 创意产业集群的知识溢出探析[J]. 科学管理研究，25(4): 80-82.
彭民安. 2007. 促进长沙动漫产业集群发展的政府行为模式与战略选择——基于沪、杭、长三市的比较研究[J]. 经济研究参考，(26): 19-26.
乔湫娟，焦成霞. 2010. 基于知识流动的企业竞争对手评价体系研究[J]. 科技情报开发与经济，20(6): 88-90.

申俊毅，张永庆. 2013. 创意产业价值创造机理及空间发展初探[J]. 经济与管理，27（4）：75-88.
沈小峰，胡岗，姜璐. 1986. 耗散结构论[M]. 上海：上海人民出版社.
宋春光，华营营. 2011. 试析文化创意产业——以黑龙江省为例[J]. 黑龙江社会科学，127（4）：43-45.
苏卉. 2010. 文化创意产业集群中的政府行为研究[J]. 科技管理研究，（17）：217-219.
苏妮妮. 2013. 文化创意产业集群演化研究[D]. 兰州商学院硕士学位论文.
隋慧. 2011. 中国的跨地区知识流动[J]. 国外理论动态，（1）：61-64.
孙浩. 2012. 一种新的知识流动量化分析模型[J]. 科技管理研究，（15）：144-147，151.
孙辉. 2006. 技术联盟中知识共享要素研究[D]. 大连理工大学硕士学位论文.
孙洁. 2009. 创意产业集群：城市的另类增长空间[J]. 生产力研究，（1）：129-130.
孙静. 2011. 科学驱动型产业集群中知识流动的机理研究[D]. 河南大学硕士学位论文.
孙元媛，胡汉辉. 2010. 产业集群升级中主导企业的作用——基于四种知识流的视角[J]. 中国科技论坛，（2）：82-87.
田杰，胡新迪. 2014. 北京传统文化创意产业集聚区发展对策研究[J]. 北京印刷学院学报，22（1）：46-50.
汪丁丁. 1997. 知识沿时间和空间的互补性以及相关的经济学[J]. 经济研究，（6）：70-78.
王发明. 2009a. 创意产业集群化：基于知识的结构性整合分析[J]. 科技与经济，（1）：27-30.
王发明. 2009b. 创意产业集群化：一个基于知识溢出的解释[J]. 科技管理研究，（11）：372-374.
王发明. 2009c. 互补性资产、产业链整合与创意产业集群——以动漫产业为例[J]. 中国软科学，（5）：24-32.
王发明，宋雅静. 2012. 创意产业集群网络中缄默知识共享与转移的仿真研究[J]. 情报杂志，31（6）：135-148.
王缉慈. 2005. 论创意产业及其集群的发展环境——以音乐产业为例[J]. 地域研究与开发，（5）：45-47.
王江，刘荣. 2008. 北京创意产业集群化发展探讨[J]. 北京工商大学学报，23（4）：96-99.
王娇俐，王文平，王为东. 2013. 产业集群升级的内生动力及其作用机制研究[J]. 商业经济与管理，（2）：90-96.
王力民. 2009. 基于知识联盟的集群企业知识创新动力机制研究[J]. 情报科学，27（1）：44-48.
王立新，付永萍，曹如中. 2012. 创意产业集聚区演化路径及发展模式研究[J]. 科技进步与对策，29（19）：59-62.
王猛，王有鑫. 2015. 城市文化产业集聚的影响因素研究——来自 35 个大中城市的证据[J]. 江西财经大学学报，（1）：3-4.
王文平，邓玉林，花磊. 2006. 基于重复博弈的集群企业合作关系研究[J]. 中国管理科学，（14）：465-468.
王晓红，张宝生. 2010. 虚拟科技创新团队内部知识流动能力影响因素研究[J]. 技术经济与管理研究，（3）：36-39.
王玉梅，李雯. 2013. 文化创意产业集群发展影响因素分析[J]. 时代经贸，（6）：10-16.
王月平. 2011. 战略联盟的知识流动循环模型研究[J]. 科技管理研究，（2）：157-159.
王重远. 2010. 基于产业生态学的创意产业集群形成机制研究[D]. 华中科技大学博士学位论文.
魏遥，雷良海. 2009. 产融集团系统的演化博弈分析[J]. 管理学报，6（8）：1072-1080.
巫勇. 2007. 创意产业集聚区的兴起与城市设计策略[D]. 合肥工业大学硕士学位论文.
武超. 2009. 创意产业集群的创意扩散研究[D]. 北京交通大学硕士学位论文.
肖继军. 2005. 试论知识经济时代法律价值观念的新内涵[J]. 长春理工大学学报（综合版），（2）：6-7.
肖雁飞，廖双红. 2011. 基于创意产业区发展的新增长理论新论[J]. 世界地理研究，20（1）：136-141.
谢守美. 2010. 知识生态系统知识流动的生态学分析[J]. 图书馆学研究，（5）：7-10.
解学芳，黄昌勇. 2011. 国际工业遗产保护模式及与创意产业的互动关系[J]. 同济大学学报（社会科学版），22（1）：52-58.
胥悦红，段晓兵. 2009. 我国创意产业的发展模式探析[J]. 中国商贸，（17）：214-215.
徐谷波. 2013. 创意产业集群化发展的要素分析及政策建议[J]. 宿州学院学报，28（6）：8-10.
徐盟. 2009. 产业集群内创新网络运行机制研究[D]. 山东大学博士学位论文.
闫安，钱丹，赵惠芳. 2011. 基于产学研的知识流动部门研究[J]. 科技进步与对策，28（3）：126-129.
杨中华，卫武. 2010. 基于关系强度理论的集群网络知识流动分析[J]. 图书情报工作，53（6）：24-27，50.
姚永玲，郑轶. 2013. 政府、管理机构和企业与创意产业聚集区成长[J]. 经济与管理研究，（7）：38-44.
宜建军，岳琳. 2010. 基于知识流的产业集群知识管理过程研究[J]. 情报杂志，29（3）：107-109，165.
易显飞，李兆友. 2005. 从两个层次把握企业技术创新的知识流动问题[J]. 科学学与科学技术管理，（5）：81-84.
易余胤，盛昭瀚，肖条军. 2005. 企业自主创新、模仿创新行为与市场结构的演化研究[J]. 管理工程学报，（1）：14-18.
殷永萍. 2011. 创意产业的创造力模型及其实证研究——以山东省为例[J]. 科技进步与对策，28（7）：148-151.
尹宏. 2013. 文化创意产业集聚的空间演化研究[J]. 四川师范大学学报，40（2）：39-44.
于鹏，杨燕英，刘寿先. 2011. 文化创意产业集群内部的知识流动研究[J]. 现代传播，（8）：153-154.
余福茂，丁祥海. 2012. 知识流动对纺织集群企业竞争优势影响的实证研究[J]. 纺织学报，

31（1）：138-144.
余后强，李玲. 2012. 基于熵权法和 CRITIC 法的五类企业综合评价[J]. 湖北科技学院学报，32（12）：83-84.
余晓泓. 2010a. 创意产业集群创新发展的组织环境研究[J]. 经济与管理，24（4）：36-39.
余晓泓. 2010b. 创意产业集群模块化网络组织创新机制研究[J]. 产业评论，（4）：5-9.
曾德明，覃荔荔，王业静. 2009. 产业集群知识网络中粘滞知识的转移机理研究[J]. 财经理论与实践，30（3）：97-101.
曾国平. 1988. 超循环自组织理论[J]. 科学、技术与辩证法，（4）：63-68.
张海涛，苏同华，钱春海. 2006. 创意产业兴起的背景分析及启示[J]. 中国软科学，（12）：58-93.
张华伟. 2009. 政府在高技术企业集群知识流动中的作用[J]. 公共经济，（3）：60-62.
张洁. 2012. 创意产业网络的结构特征及其演进机制研究[J]. 商业经济与管理，（245）：43-51.
张京成. 2006. 中国创意产业发展报告[M]. 北京：中国经济出版社.
张俊娟，李景峰. 2010. 基于时间与空间互补性的企业知识演进分析[J]. 科技进步与对策，27（9）：4-7.
张梅青，盈利. 2010. 创意产业集群网络结构演进机制研究[J]. 中国软科学，（S1）：231-238.
张庆普，李沃源. 2014. 创意产业集群创意扩散过程及扩散模式研究[J]. 研究与发展管理，26（1）：22-33.
张炜，姚海棠. 2011. 试析北京市文化创意产业的影响因素[J]. 北京社会科学，（3）：21-22.
张小凤. 2013. 创意产业集群的运行机理[J]. 天津市经理学院学报，（5）：30-31.
张振鹏，马力. 2011. 文化创意产业集群形成机理探讨[J]. 经济体制改革，（2）：176-180.
赵建英. 2010. 基于涌现性的产业集群知识竞争力研究[D]. 山西大学博士学位论文.
郑颖昊. 2010. 创意产业集群的知识流动研究[D]. 北京交通大学硕士学位论文.
郑展，韩伯棠. 2009. 基于知识流动的区域创新网络研究评述[J]. 科技管理研究，（6）：176-178，182.
钟韵，刘东东. 2012. 文化创意产业集聚区效益的定性分析——以广州市为例[J]. 城市问题，（9）：95-100.
朱小斌，沈丹峰. 2009. 跨国公司知识流动的影响因素：知识属性、主体能力与组织变量[J]. 生产力研究，（5）：74-77，100.
祝宪民，蔡进兵. 2009. 模块化组织与集群的竞争优势：基于知识理论的分析[J]. 现代管理科学，（6）：73-75.
IUD 中国政务景气监测中心. 2006. 中国六大区域创意产业集群初步形成[J]. 领导决策信息，（36）：28-29.
Alan T B，William A，Ptatim D. 2011. A qualitative exploration of entrepreneurial knowledge transfers[J]. Journal of Knowledge Management，15（2）：270-298.
Allen S. 2006. Creative cities：conceptual issues and policy questions[J]. Journal of Urban Affairs，

28（1）：1-17.

Andrew J S. 2008. Conceptions of learning and managing the flow of knowledge in the project-based environment[J]. International Journal of Managing Projects in Business，1（1）：33-48.

Andy C，Pratt A C. 2010. Creative cities：tensions within and between social，cultural and economic development，a critical reading of the UK experience[J]. City，Culture and Society，4（1）：13-20.

Angeles M，Marta O，Eva M. 2011. Effects of knowledge spillovers on innovation and collaboration in science and technology parks[J]. Journal of Knowledge Management，15（6）：948-970.

Bayliss D. 2007. The rise of the creative city：culture and creativity in Copenhagen[J]. European Planning Studies，15（7）：889-903.

Berranger P D，Meldrum M C R. 2000. The development of intelligent local clusters to increase global competitiveness and local cohesion：the case of small business in the creative industries[J]. Urban Studies，（10）：1827-1835.

Brett A G，Patricia P M，David B A. 2008. Clusters，knowledge spillovers and new venture performance：an empirical examination[J]. Journal of Business Venturing，23（4）：405-422.

Bridgstock R. 2011. Skills for creative industries graduate success[J]. Education +Training，53（1）：9-26.

Burke M E. 2012. Knowledge sharing in emerging economies[J]. Library Review，60（1）：5-14.

Caves E R. 2000. Creative Industries：Contracts Between Art and Commerce[M]. Cambridge：Harvard University Press.

Chapain C，Comunian R. 2010. Enabling and inhibiting the creative economy：the role of the local and regional dimensions in England[J]. Regional Studies，44（6）：717-734.

Chinho L，David C Y，David D T. 2007. An industry-level knowledge management model—a study of information-related industry in Taiwan[J]. Information & Management，44（1）：22-39.

Christian R S. 2009. Knowledge flows through social networks in a cluster：comparing university and industry links[J]. Structural Change and Economic Dynamics，20（3）：196-210.

Chung C W，Chen Y Y，Hsu J J. 2011. Residents' culture-creative industries in Taiwan[J]. International Journal of Service Technology and Management，（15）：89-105.

Currid E. 2006. New York as a global creative hub：a competitive analysis of four theories on world cities[J]. Economic Development Quarterly，（20）：330-350.

Davids S，Rajesh K. 2002. Multimedia archiving of technological change in a traditional creative industry：a case study of the dhokra artisans of Bankura，West Bengal[J]. AI & Society，16（4）：350-365.

Davis C H，Creutzberg T，Arthurs D. 2009. Applying an innovation cluster framework to a creative industry：the case of screen-based media in Ontario[J]. Innovation：Management，Policy &

Practice，11（2）：201-214.

Evans G. 2009. Creative cities，creative spaces and urban policy[J]. Urban Studies，46（5~6）：1003-1040.

Flew T. 2010. Toward a cultural economic geography of creative industries and urban development[J]. The Information Society，26（2）：85-91.

Florida R. 2002. The Rise of the Creative Class[M]. New York：Basic Books.

Frank G，Phlip C，Luciana L. 2008. Creative cities，cultural clusters and local economic development[J]. Journal of Cultural Economics，32（3）：237-240.

Garcia-Tabuenca A，Crespd-Espert J L，Cuadrado-Roura J R. 2010. Creative industries，entrepreneurship and regional dynamics in Spain[J]. The Annals of Regional Science，（2）：24-29.

Guo B，Guo J J. 2011. Patterns of technological learning within the knowledge systems of industrial clusters in emerging economies：evidence from China[J]. Technovation，31（2）：87-104.

Gwee J. 2009. Innovation and the creative industries cluster：a case study of singapore's creative industries[J]. Innovation：Management，Policy & Practice，11（2）：240-252.

Hawkins J. 2001. The Creative Economy：How People Make Money from Ideas[M]. London：The Penguin Press.

Hpspers G J. 2006. Creative cities：preceding places in the knowledge economy[J]. Knowledge，Technology & Policy，38（4）：146-148.

Hutton T. 2006a. Spatiality，built form，and creative industry development in the inner city[J]. Environ- ment and Planning，38（3）：1819-1841.

Hutton T. 2006b. The new economy of inner city[J]. Cities，21（2）：89-108.

Jason P，Stuart C，John H，et al. 2008. Social network markets：a new definition of the creative industries[J]. Journal of Cultural Economics，32（3）：167-185.

Jensen R J C. 2011. The spatial and economic contribution of sydney' s visual entertainment industries[J]. Australian Planner，48（1）：24-36.

Juani S，Philippa H. 2011. Identifying knowledge boundaries：the case of networked projects[J]. Journal of Knowledge Management，15（5）：703-721.

Keane M，Ryan M D，Cunningham S. 2005. Worlds apart? finance and investment in creative industries in the People's Republic of China and Latin America[J]. Telematics and Informatics，22（4）：309-331.

Keeble D，Wilkinson F. 2002. High-Technology Clusters，Networking and Collective Learning in Europe [M]. Aldershot：Ashgate Published Limited.

Kong L. 2009. Beyond Networks and Relations：Towards Rethinking Creative Cluster Theory. In Kong and O'Connor，Creative Economies，Creative Cities：Asian European Perspectives[M]. Berlin：Springer.

KoYY，Lin P H，Lin R. 2009. A study of service innovation design in cultural and creative industry[J]. Internationalization Design，(6)：376-385.

Li Y H，Liu Y，Hu Y Y. 2014. Research on diffusion superimposition model of innovation product with complementary relationship[C]. Proceedings of 2014 International Conference on Management Science & Engineering.

Li Y H，Tan J Y，Hu Y Y. 2011. Evaluation of knowledge complementary degree for creative industry cluster based on BP neural networks[C]. Proceedings of 2011 International Conference on Management Science & Engineering.

Li Y H，Yin L L. 2012. Research on the forming process of creative industrial cluster based on the game model[C]. Proceedings of 2012 International Conference on Mechanical Engineering and Material Science.

Li Y H. 2009. Application of ant colony optimization algorithm to selection of clusters partners for creative industry[C]. Proceedings of 2009 International Conference on Management Science & Engineering 16th Annual Conference Proceedings.

Liu P，Raahemi B，Benyoucef M. 2011. Knowledge sharing in dynamic virtual enterprises：a socio-technological perspective [J]. Knowledge-Based Systems，24 (3)：427-443.

Liu S X. 2013. Knowledge transfer in creative industrial cluster：mechanism and countermeasures[C]. International Conference on Education Technology and Management Science.

Luciana L，Rafael B，Francesco C. 2008. Do creative industries cluster? Mapping creative local production systems in Italy and Spain[J]. Taylor and Francis Journals，(5)：549-567.

Marcel B. 2012. The open innovation paradox：knowledge sharing and protection in R&D collaborations [J]. European Journal of Innovation Management，14 (1)：93-117.

Marco F，Adele P. 2010. FDI knowledge spillovers and host government policies：the Iranian experience[J]. European Business Review，22 (2)：175-194.

Mark I. 2010. A "creative class" in South Africa's Arid Karoo Region[J]. Urban Forum，21 (4)：405-423.

Melissa A S，Corey C P. 2007. Interim collaboration networks：the impact of large-scale network structure on firm innovation[J]. Management Science，53 (7)：1113-1126.

Michael S D，Christian R P. 2004. Knowledge flows through informal contacts in industrial clusters：myth or reality? [J]. Research Policy，33 (10)：1673-1686.

Mu J，Peng G，Love E. 2008. Inter firm networks，social capital，and knowledge flow[J]. Journal of Knowledge Management，12 (4)：86-100.

Nick B，Michael F，Marissa H. 2003. The e-flow audit：an evaluation of knowledge flow within and outside a high-tech firm[J]. Journal of Knowledge Management，7 (1)：6-19.

Parka J，Hakyeon L，Yonggtae P. 2010. Disembodied knowledge flows among industrial clusters：a patent analysis of the Korean manufacturing sector[J]. Technology in Society, 31（1）: 73-84.

Piero M. 2004. Industrial clusters, knowledge integration and performance[J]. World Development, 32（2）: 305-326.

Ping H, Song N, Di L. 2010. The analysis on the role of the government in the creative industry cluster development based on the industrial cluster mechanism of the outside source[C]. Proceedings of 2010 International Conference on Logistics Systems and Intelligent Management.

Potts J, Cunningham S, Hartley J, et al. 2008. Social network markets: a new definition of the creative industries[J]. Journal of Cultural Economics, 32（3）: 167-185.

Pratt A C. 2010. Creative cities: tensions within and between social, cultural and economic development, a critical reading of the UK experience[J]. City, Culture and Society, 4(1): 13-20.

Pratt A C. 2012. Creative cities: tensions within and between social, cultural and economic development, a critical reading of the UK experience[J]. City, Culture and Society, 4(1): 13-20.

Pratt A C, Pratt D A C. 2004. Creative clusters: towards the governance of creative industries production system?[J]. Media International Australia: Culture and Policy,（12）: 50-66.

Pumhiran N. 2005. Reflection on the disposition of creative milieu and its implications for cultural clustering strategies[R]. Paper Presented to the 41st IsoCaRP Congress.

Ralph L, Nathan R. 2002. The Positive Sum Strategy: Harnessing Technology for Economic Growth[M]. Washington: National Academy Press.

Richard C. 2000. Creative Industries [M]. Cambridge: Harvard University Press.

Richard E C. 2004. Creative Industries: Contracts Between Art and Commerce[M]. Cambridge: Harvard University Press.

Roberta C, Kong L, O' Connor J. 2010. Creative economies, creative cities, Asian European perspectives [J]. Journal of Cultural Economics, 34（2）: 147-150.

Rodney J C J. 2011. The spatial and economic contribution of Sydney' s visual entertainment industries[J]. Australian Planner, 48（1）: 24-36.

Scheffel E, Thmoas A. 2011. Employment and intangible spending in the UK' s creative industries, a view from the micro data[J]. Economic & Labor Market Review,（5）: 79-104.

Scott J. 2006. Entrepreneurship, innovation and industrial development geography and the creative field revisited[J]. Small Business Economics, 26（1）: 1-24.

Snejina M, Irina J. 2011. Knowledge transfer between russian and western firms: whose absorptive capacity is in question?[J]. Critical Perspectives on International Business, 7（3）: 250-270.

Sohaimi Z, Haruki N. 2010. Knowledge creation and flow in agriculture: the experience and role of the Japanese extension advisors[J]. Library Management, 31（1/2）: 27-35.

Tseng C Y, Pai D C, Hung C H. 2011. Knowledge absorptive capacity and innovation performance in KIBS[J]. Journal of Knowledge Management, 15（6）: 971-983.

Ulrike P，Helene S，Sybille R. 2006. The cultural entrepreneur and the creative industries：beginning in Vienna[J]. Journal of Cultural Economics，30（4）：243-261.

William E H. 2005. Knowledge management：how to foster creation and flow[J]. Handbook of Business Strategy，6（1）：297-301.

Xu A F，Li Y H. 2011. The evaluation for competitiveness of high-technology zone on creative industrial cluster with uncertain linguistic information[J]. International Journal of Advancements in Computing Technology，3（5）：243-248.

Yoo K，Suh E，Kim K. 2007. Knowledge flow-based business process redesign：applying a knowledge map to redesign a business process[J]. Journal of Knowledge Management，11（3）：104-125.

Zhang M Q，Wan T. 2009. On the modular organization of creative industrial cluster[C]. Proceeding of 2009 International Conference on Logistics Systems and Intelligent Management.